我国
外贸发展 战略
转型

主 编 王宝伟
副主编 刘小南

中国商务出版社
CHINA COMMERCE AND TRADE PRESS

图书在版编目（CIP）数据

我国外贸发展战略转型/王宝伟主编．—北京：
中国商务出版社，2014.7
ISBN 978-7-5103-1075-1

Ⅰ.①我…　Ⅱ.①王…　Ⅲ.①对外贸易–经济发展战
略–研究–中国　Ⅳ.①F752

中国版本图书馆 CIP 数据核字（2014）第 153684 号

我国外贸发展战略转型
WOGUO WAIMAO FAZHAN ZHANLUE ZHUANXING

主　编　王宝伟
副主编　刘小南

出　　版：中国商务出版社
发　　行：北京中商图出版物发行有限责任公司
社　　址：北京市东城区安定门外大街东后巷 28 号
邮　　编：100710
电　　话：010-64245686　64515140（编辑二室）
　　　　　010-64266119（发行部）
　　　　　010-64263201（零售、邮购）
网　　址：www.cctpress.com
邮　　箱：cctp@cctpress.com
　　　　　cctpress@taobao.com
照　　排：北京科事洁技术开发有限责任公司
印　　刷：北京市松源印刷有限公司
开　　本：787 毫米×980 毫米　1/16
印　　张：12.25　字　数：193 千字
版　　次：2014 年 7 月第 1 版　　2014 年 7 月第 1 次印刷

书　　号：ISBN 978-7-5103-1075-1
定　　价：48.00 元

编　委　会

主　　编：王宝伟

副 主 编：刘小南

执行主编：庞　锦

成　　员：徐婷婷　李久佳　焦志强

序

　　新中国成立之初的 1950 年，全国对外贸易总额仅为 11.3 亿美元，到 1978 年，我国的对外贸易规模只有 206.4 亿美元，占当年世界贸易额的 0.78%，名列世界第 29 位。改革开放特别是在加入世界贸易组织以来，外贸发展连上新台阶，对外贸易取得了长足发展，实现了多方面的历史性突破。2004 年我国对外贸易突破 1 万亿美元大关，占世界贸易总额比重上升到 6.2%，超过日本成为世界第三大贸易国；2007 年，我国外贸出口 12186 亿美元，超过美国成为世界第二大商品出口国；2009 年超越德国成为世界第一大商品出口国，约占全世界出口额的 10%，至此，贸易大国的地位得以确立。2013 年，我国外贸进出口总额首次超过 4 万亿美元，成为全球第一大贸易国。但与此同时，随着国际、国内形势新的变化，我国传统的外贸发展模式也遇到了诸多挑战。在国际国内双重调整的大背景下，在"十二五"时期和未来十年，我们要通过进一步推进改革开放，调整和完善外贸政策，创新体制机制，加快转变对外贸易发展方式，提高开放型经济水平，巩固贸易大国地位，推进建设贸易强国进程。

王宝伟

2014 年 5 月 27 日

目　录

第一篇　我国外贸大国地位确立

第二篇　外贸发展粗放依旧

第五篇　外贸发展战略转型——提高效益

第一篇

我国外贸大国地位确立

第一章　外贸大国地位确立

第一节　外贸规模不断扩大

新中国成立 60 多年来，我国外贸发展历经风雨，不断发展壮大。货物贸易规模持续快速增长，已成为世界第一大贸易国。

一、改革开放之前

1950—1978 年。20 世纪 50 年代最初 3 年，我国经济处于恢复时期，进出口总额停留在不到 20 亿美元的低水平上。50 年代中期到 60 年代，我国对外贸易主要是同苏联和东欧等少数国家进行，贸易量很小，每年进出口额一直徘徊在 30 亿～40 亿美元的水平上。进入 20 世纪 70 年代后，随着我国几个大油田建成投产，石油出口量逐年增加，对外贸易逐渐活跃，同西方发达国家和发展中国家的贸易逐步展开。1950—1978 年我国进出口货物贸易总额由 11.35 亿美元扩大至 206.4 亿美元，增长了 17.2 倍，但进出口总额占世界贸易总额的比重却由 1950 年的 0.9％下降为 1978 年的 0.78％。从出口来看，1950 年我国出口 5.52 亿美元，到 1978 年增长到 99.6 亿美元，但出口总值在全球排名却由 1950 年第 27 位滑落到 1978 年的第 34 位（进出口总额排名第 29 位）。

二、改革开放之后

1978—2013 年。改革开放以来，我国与贸易伙伴的贸易往来不断加深，贸易规模持续快速增长。1978—2013 年，我国进出口货物贸易总额由 206.4 亿美元扩大至 41603.1 亿美元（见表 1-1），共计增长了 200 倍。2009 年我国

3

占世界贸易比重达到 9%，成为世界第二大贸易国，2012 年，我国占世界贸易比重 11.1%，2013 年，我国外贸进出口总额达到 4.16 亿美元，超越美国成为世界第一大贸易国。

表 1-1　1978—2013 年中国货物贸易进出口及出口额在世界的比重和位次

单位：亿美元

年份	进出口			出口		
	金额	比重（%）	位次	金额	比重（%）	位次
1978	206.4	0.78	29	99.6	0.76	34
1981	440.2	1.1	22	220.1	1.09	19
1984	535.5	1.38	16	261.4	1.34	18
1989	1116.8	1.77	15	525.4	1.7	14
1992	1655.3	2.19	11	849.4	2.26	11
1996	2898.8	2.78	11	1510.5	2.8	11
1999	3606.3	3.14	9	1949.3	3.4	9
2002	6207.7	4.7	5	3255.9	5	5
2003	8509.9	5.52	4	4382.3	5.8	4
2004	11545.6	6.16	3	5933.3	6.4	3
2007	21738.3	7.71	3	12179.4	8.76	2
2008	25616.3	7.87	2	14285.5	8.9	2
2009	22072.7	8.77	2	12016.7	9.7	1
2010	29727.6	9.67	2	15779.3	10.4	1
2011	36418.6	9.93	2	18983.8	10.4	1
2012	38667.6		2	20489.4	11.2	1
2013	41603.1		1	22100.2		1

资料来源：根据 WTO 统计数据计算

第二节　技术含量持续增加

改革开放以来，我国实现了以初级产品出口为主向以劳动、资本和技术密集型制成品出口为主的转变，从"中国制造"朝着"中国创造"迈进。

改革开放以前，我国的出口商品主要集中在农副土特产品和资源性的初级产品。改革开放以来，我国相继形成了轻纺产品、机电产品、IT 产品等优势出口产业。据统计，1981 年工业制成品出口首次超过初级产品。1986 年纺织品取代石油成为我国第一大类出口商品，标志着出口商品从资源型为主向劳动密集型为主的转变。1995 年，机电产品取代纺织品成为第一大类出口商品，标志着从劳动密集型为主向资本技术密集型为主的转变。目前我国机电产品出口占比为 60% 左右，农轻纺等传统劳动密集型产品占比约为 30% 左右。工业制成品出口比重已从 1978 年的 45.2% 上升到 2013 年的 94.7%。从整体贸易结构来看，我国劳动密集型产品的出口比重在不断下降，资金技术密集型产品的出口比重则大大提高，我国出口制成品的产品结构在不断优化。我国在纺织服装产品、箱包、玩具、电视机、DVD、微波炉、手机、笔记本电脑等轻工产品方面已经成为世界上最大的生产和出口基地，同时，在工程机械、通信技术方面也走到世界前列。

第三节　服务贸易逐步发展

服务贸易是对外贸易的重要组成部分。改革开放以来，我国与贸易伙伴的服务贸易也得到了较快的发展，尤其是加入 WTO 后，我国服务业对外开放的领域进一步扩大和开放程度不断加深，服务贸易也随之表现出蓬勃的发展态势。1982 年，我国服务贸易进出口总额 43.41 亿美元，其中，出口额 24.76 亿美元，进口额 18.65 亿美元；2008 年我国服务贸易进出口额已经达到 3044 亿美元，其中，出口 1464 亿美元，进口 1580 亿美元，分别增长了 66 倍、57.8 倍和 82.6 倍。2009 年，受世界金融危机影响，我国服务贸易有所下降，进出口额为 2868 亿美元，其中，出口 1286 亿美元，进口 1582 亿美元。金融危机过后，2010 年我国服务贸易进出口大幅增长，达到 3624 亿美元，同比增长 27%；2012 年服务贸易进出口达到 4706 亿美元，位于美国和德国之后，居世界第 5 位。

由于我国服务贸易增速明显高于全球平均增速，在世界服务贸易中的排位不断提高。1982 年我国服务出口及进口在世界中的排位分别为第 28 位和第 40 位，2000 年分别上升到第 12 位和第 10 位，2008 年我国服务贸易出口和进口在世界的排名已升至第 5 位，2012 年我国服务贸易出口和进口在世界的排名分别为第 5 位和第 3 位（见表 1-2）。

表 1-2　1997—2012 年中国服务贸易进出口世界排名

年份	进出口	出口	进口
1997	13	15	11
1998	12	14	12
1999	13	14	10
2000	12	12	10
2001	13	12	10
2002	9	11	9
2003	9	9	8
2004	9	9	8
2005	9	9	7
2006	8	8	7
2007	6	7	5
2008	5	5	5
2009	4	5	4
2010	4	4	3
2011	4	4	3
2012	3	5	3

第四节　外贸多元化稳步推进

改革开放前，我国对外贸易的伙伴主要是苏联和东欧国家，以及我国港澳地区，与发达国家之间的贸易往来几乎为零。改革开放以后，我国的贸易伙伴不断增加。1980 年，我国对外贸易出口在 1 亿美元以上的国家和地区仅有 19 个。到目前，我国已经同世界 230 多个国家和地区建立了贸易往来，从发展中国家到发达国家，从传统市场到新兴市场，形成了多层次、多元化的对外贸易关系格局。亚洲及欧洲是我国最大的进出口市场，从发展趋势来看，我国对亚洲、欧洲及北美洲的进出口贸易占据较大份额，但是呈下降趋势，对非洲、拉丁美洲及大洋洲比重较小但呈上升趋势。

我国虽与世界上 230 多个国家和地区有经贸关系，但我国的贸易进口和出口区域主要集中在欧盟、美国、日本、中国香港、东盟、韩国等国家和地区，我国的对外贸易市场集中度比较高。目前我国前十位贸易伙伴分别为欧盟、美国、日本、东盟、中国香港、韩国、中国台湾、俄罗斯、澳大利亚和印度。2009 年，我国对亚洲、欧洲及北美洲的货物进出口占我国对外进出口总额的比重分别为 53.1%、19.3% 和 14.9%（见表 1-3），三大洲合计占我国对外贸易总额的 87.3%。与其他各洲的贸易占我国对外贸易的比重分别为非洲 4.1%、拉丁美洲 5.5%、大洋洲 3.1%。到 2013 年，美国、日本、中国香港、东盟、欧盟占我国出口的比重分别为 16.7%、6.8%、17.4%、11.0%，占我国进口的比重分别为 7.8%、8.3%、0.8%、10.2%、11.3%。

表 1-3　1991—2013 年世界各大洲在我国进出口贸易所占比重

单位：%

年份	1991	1995	2001	2005	2007	2009	2010	2012	2013
亚洲	67	60.5	56.5	56.8	54.6	53.1	52.7	52.8	53.5
欧洲	16.3	18.1	19.2	18.4	19.7	19.3	19.3	17.6	17.5
北美洲	12.1	16	17.2	16.2	15.3	14.9	14.2	13.8	13.8
非洲	1.1	1.4	2.1	2.8	3.4	4.1	4.3	5.1	5.0
拉丁美洲	1.7	2.2	2.9	3.5	4.7	5.5	6.2	6.7	6.3
大洋洲	1.8	1.8	2.0	2.2	2.3	3.1	3.3	3.5	3.7

第二章　外贸发展的积极作用

我国对外经济贸易的发展，为国民经济发展注入了强大的生机和活力，不仅带动了国内生产，使国内众多产品通过出口在国际市场实现了价值，获得了利益，而且引进了国内经济建设需要的资金、技术、原材料和管理经验，创造了更多的就业机会，增加了国家税收和外汇收入，带动了相关产业的发展，促进了国民经济的持续稳定增长，加快了我国社会主义现代化建设的进程，也为我国经济大国地位的形成发挥了重要作用。

第一节　拉动经济增长的新引擎

一、促进了国民经济持续快速增长

1979—2009 年，我国国民经济的年均增长速度是 9.9%，而同期我国进出口贸易总额的年均增长速度达到 16.3%。到 2009 年，我国进出口总额达到 22075 亿美元，为国内生产总值的 44.3%。根据国家统计局与有关机构研究表明，过去 30 年，出口对经济增长的年平均贡献率达到 20%，拉动经济增长平均在 2 个百分点左右。作为拉动经济增长的"三驾马车"之一，通过发展外贸，我国缓解了外汇、市场和技术瓶颈，成功实现了经济起飞。2010 年我国 GDP 为 5.4 万亿美元，超过日本，成为世界第二大经济体。2013 年，我国 GDP 高达 8.3 万亿美元，高出日本近 3 万亿美元，约等于欧洲传统经济大国德国（3.4 万亿美元）、法国（2.6 万亿美元）、英国（2.5 万亿美元）三国之和。从国际看，外贸大国同时也是经济大国，可以说我国对外贸易发展在其中发挥了十分重要的作用。

二、提高了我国的综合国力

衡量一国的综合国力，需要从政治、经济、军事、科技水平等多方面进行综合判定。从经济角度分析，主要看该国的国内生产总值（GDP）、主要产品的产量、同世界经济的交换量和国际收支能力等方面的指标。而这些指标的变化，与该国的对外经济贸易状况都有着直接的关系。比如一国对外经济贸易的规模大小和质量高低，不仅直接关系着该国同世界经济的交换量和国际收支能力，而且直接影响着 GDP 的规模和主要产品的产量。因此，外贸发展与综合国力密切相关。改革开放以来，我国外贸快速发展，与世界经济的交换量也相应扩大，不仅有效地弥补了我国建设资金的不足，引进了先进的技术、设备与管理经验，还促进了我国经济的市场化进程，有力地促进了我国综合国力的提高。

三、加快了我国开放型经济的形成

改革开放以前，我国国民经济长期处于封闭、半封闭状态。随着对外开放政策的实施，我国对外经济贸易迅速发展，在国民经济中的比重越来越大，使得我国国民经济摆脱了封闭、半封闭状态，逐步转向开放型经济。目前，我国的对外开放地域从经济特区、沿海开放城市，扩大到沿边、沿江地区和省会城市等内陆地区；开放领域从一般加工工业向基础产业、基础设施和高新技术产业扩展，向金融、保险、外贸、旅游、通信、商业零售、法律咨询和会计等服务行业延伸。同时，为适应改革开放和加入 WTO 要求，我国多次大幅度下调进口关税税率，2008 年就如期兑现入世降税承诺，进口关税平均水平已从 1992 年的 43.2％降至 9.8％，其中农产品平均税率为 15.2％，工业品平均税率为 8.9％，我国加入世界贸易组织的降税承诺全部履行完毕。开放型经济的初步形成，为 21 世纪我国经济的持续发展打下了坚实的基础。

第二节　经济转型升级的催化剂

面对科技、经济的全球化趋势，我国国民经济结构的调整和优化，不仅要立足于本国经济实际，而且要依托国际经济和国际市场，使调整和优化的方向符合国际分工发展的客观要求，以保持经济结构在国际上的相对先进性。我国对外贸易作为连接国内经济和国际经济的桥梁与纽带，及时获取国际商品市场发展变化的最新信息，对国民经济结构调整发挥了积极的导向作用。

一、有效弥补国内资源不足

通过进口国内短缺资源，拉长制约国民经济发展的"短板"，有力保障了国民经济持续健康发展。目前，我国原油、铁矿石等重要资源一半左右通过进口保障供应，净进口农产品相当于 5 亿亩土地的产量。

二、促进国内技术升级

通过引进国外先进适用的技术和设备，为国内产品升级换代和产业结构升级提供保证，不仅增强我国产品和产业的国际竞争力，也增强了我国自主创新能力，促进国民经济的市场化和经济结构的合理化。据国家统计局课题组测算，进口对我国生产率进步的贡献率约为 46％。

三、促进了我国产业结构的调整和优化

通过发展加工贸易等方式，成功抓住国际产业转移提供的三次重大机遇，推动国内产业升级、技术进步，实现全要素生产效率提升。

随着我国对外经济贸易从侧重商品的互通有无和调剂余缺逐步向参与国际分工、发挥比较优势、优化资源配置的方向转变，从侧重商品使用价值的交换向实现商品价值最大化的方向转变，我国已经开始把确保经济效益作为

发展对外经济贸易的一项基本前提，从而使得我国在国际经济交换中不仅能实现或在一定程度上超过国内市场的平均价值，而且还可以实现或在一定程度上超过国际市场的平均价值，达到提高国民经济效益的目的。

随着我国外贸持续快速增长，我国海关税收规模已经由 1980 年的 31.8 亿元快速增长到 2010 年的 1.2 万亿元。2011 年我国海关税收高达 1.6 万亿元，如果加上与外贸关联度高的外资企业税收，外向型经济带来的税收约占全国总税收的 1/3，极大充实了国家财力。

外贸发展为我国平衡国际收支、增加外汇储备做出了积极贡献。随着我国对外贸易的快速发展，外汇储备也随之大幅度增加。1978 年，我国外汇储备为 1.67 亿美元；1980 年，我国外汇储备为－12.96 亿美元；1996 年，我国外汇储备达到 1050.49 亿美元；2006 年 8 月我国外汇储备达到 9720.39 亿美元，超过日本居世界第 1 位。到 2009 年，我国外汇储备达到 23991.52 亿美元，截至 2013 年年末，我国外汇储备余额进一步增加到 3.82 万亿美元。

外汇储备是一个国家信心的标志，也是一个国家在国际金融市场上的特别信用证，外汇储备增多有利于吸引国外投资，或到国外发债，从而加快国内的经济发展。我国 1998 年成功应对亚洲金融危机、2008 年应对世界金融危机，外汇储备对防范金融风险和维护国家经济安全均发挥了极为重要的作用。

四、加快了我国经济体制与世界接轨

通过发展对外贸易，实现了以开放促改革、促发展、促创新。特别是加入世贸组织后，我国经济体制不断与国际接轨，有力推动了中国特色社会主义市场经济体制的形成和发展。从微观上看，企业通过开展外贸业务，不断学习国外企业先进管理经验和管理模式。一些企业还成功转型，从代加工向自主品牌转变，从单纯外贸向贸工技一体化转变，涌现了一批国际知名品牌。从宏观上看，我国对外经济贸易的迅速发展，增进了同世界各国政治、经济和文化的交流与合作，密切了同世界各国的经济关系，为我国现代化建设营造了良好的国际环境。

第三节　提高社会福祉的助推器

一、对内大大缓解了我国就业压力

发展外贸，将我国劳动力资源优势转化为产品成本优势，进而转化为国际竞争力优势，使外贸成为不出国门的劳务输出。据测算，我国平均每1亿美元出口可创造1.5万个就业岗位。在李善同等人的《外贸对我国经济社会发展的定量分析》一文中提到，1987—2007年间，外贸所带动的就业人数每年平均为8376万人。在2005年外贸所带动的就业规模首次突破1亿人，达到12299万人，其中出口贡献8025万个工作岗位；在2008年第七届中国企业领袖年会上商务部测算，2007年外贸进出口对国民经济增长贡献率达到20%，与进出口相关的就业人数超过1亿人，外资企业直接就业人员达到4000万人，缴纳的税收占全国税收的20%。到2009年我国外贸出口12016亿美元，外贸直接带动就业人数超过2亿，其中60%来自于农村转移劳动力，农轻纺等传统劳动密集型出口行业直接吸纳就业人数约5000万。在我国经济体制转型、产业结构调整、农村劳动力转移的特殊时期，对外贸易将我国富余劳动力转化为"人口红利"，极大缓解了我国的就业压力，促进了社会稳定和城乡统筹发展。

二、对外促进了世界经济发展和各国福利水平的提升

摩根士丹利一项研究表明，我国出口产品一年为美国消费者节省近1000亿美元开支，美国公司从我国制造的产品中获利近600亿美元，占标准普尔指数所含上市公司全年总利润的10%以上。中国对外贸易出口的快速增长给世界市场提供了价廉物美的商品，为欧美等主要贸易伙伴国经济实现高增长、低通胀创造了条件。据《洛杉矶时报》介绍，美国从中国进口一个芭比玩具2美元，在美国市场零售价为9.99美元，而中国所得加工费仅为0.35美元。据摩根士丹利公司的调查，仅在1996—2003年，中国的廉价商品为美国消费者节省了6000多亿美元。

第三章　外贸大国主要经验

我国对外经济贸易在发展壮大的过程中积累了许多宝贵经验。科学总结和归纳这些经验，对于指导当前和今后我国外经贸的进一步发展、推动我国对外经济贸易的持续稳定健康发展均具有重要意义。

第一节　稳定压倒一切

改革开放30多年来我国政治稳定、经济持续快速发展、社会安定，这是我国外贸发展的前提和基础。

一、对外开放基本国策的确立是我国外贸发展持续快速发展的前提

在总结历史经验和研究当代世界经济特点的基础上，党中央把对外开放确立为我国长期的基本国策，明确树立了参与国际市场分工与交换，充分利用国际国内两个市场、两种资源，大力发展对外经济贸易的思想观念，开始大胆地借鉴、吸收和利用人类社会包括资本主义社会所创造的一切文明成果为社会主义现代化建设服务。随着我国对外开放领域的不断扩大和全方位对外开放格局的形成，我国对外经济贸易得以在深度和广度上不断拓展，在质量和水平上不断提高，从而赢得了空前快速向前发展的大好时机。没有对外开放，我国对外经济贸易就丧失了发展的根本前提，就不可能有今天的伟大成就。

二、国内经济发展是外贸发展的坚实基础

我国国民经济持续保持高增长、低通胀的良好态势，为对外经济贸易扩

大规模、优化结构、提高效益和增强国际竞争能力创造了有利的国内条件，提供了可靠的物质保障，奠定了发展的坚实基础。

三、改革是我国外贸发展的活力源泉

由于对外经济贸易涉及国际国内两个市场，按照国际经济通行规则，统一规范地开展对外经济贸易，是对外经济贸易自身发展规律的必然要求。30多年来，按照社会主义市场经济和国际经济通行规则要求进行的外经贸体制改革，取得了显著成效，初步解除了旧体制对我国外经贸发展的束缚，激发了新的生机与活力，极大地促进了我国外经贸的发展。20世纪80年代下放外贸经营权，运用经济手段调控外贸，改变单一的计划管理体制。20世纪90年代实行了取消指令计划、出口配额招标、代理制、转换企业经营机制、股份制试点等改革。进入21世纪以来，认真履行世贸承诺，彻底放开外贸经营权，最终实现了外贸登记制。我国外贸企业从最初的13家扩大到现在的52万家，从最初的外贸公司扩大到生产企业和工贸一体化企业，从最初的国有企业发展到多种所有制企业经营外贸，民营企业外贸从无到有，比重从2000年的4.7%提高到2005年的16%，再进一步提高到2010年的25%。

四、日臻完善的外经贸法律，是我国对外经济贸易发展的重要保障

改革开放以来，我国出台了一系列外经贸法律法规，巩固了外经贸发展的成果，有效地规范了外经贸管理和经营行为，增进了外商来华开展投资贸易的信心，为各类外经贸企业创造了平等竞争的法律环境，成为我国对外经济贸易发展的重要保障。

第二节　积极入世成契机

在加入世界贸易组织以前，我国对外贸易发展的国际环境是不稳定和复

杂多变的。譬如，在我国入世以前美国给予我国的最惠国待遇每年都需要经过美国国会的审议，即便是批准也经常附加一些非经济和非贸易的条件。2001 年年底，我国正式加入世界贸易组织，成为 WTO 的成员。加入 WTO 对我国外贸发展的积极效应明显增强，主要表现在：

一、加入世贸组织促进制度性开放

入世后我国由有限范围、领域、地域的开放，转变为全方位、多层次、宽领域的开放；由以试点为特征的政策性开放，转变为法律框架下的制度性开放，由单方面的自我开放，转变为与世贸成员的相互开放；由被动接受国际规则，转变为主动参与国际规则制定；由只依靠多边，转变为多双边和区域合作并举，对外贸及国民经济产生了重大而深远的影响。

二、为外贸发展赢得了较好的贸易环境

通过世贸组织的框架和规则，我们不但取得了普遍的最惠国待遇，赢得了一个相对稳定、公平、透明、可以预期的贸易环境，而且还可以通过 WTO 的多边机制积极参与国际贸易规则的制定，从而可以更充分地发挥我国作为世界上最大的发展中国家的积极影响。

三、有效消除了制约进出口的不利因素

我国加入世贸组织以来，原来影响进出口的制约因素已发生变化，一方面国外对我国贸易壁垒减少，出口环境明显改善；另一方面由于关税下降，市场准入条件放宽，对国外产品需求增加。2001 年至 2010 年外贸进出口总额从 5097 亿美元增加到 2.97 万亿美元，年均增长 21.3%，高出 1978—2000 年平均增速 6 个百分点，比世界贸易年均增速高出 10 个百分点以上。在进出口增长速度明显提高的同时，贸易结构进一步改善。机电产品和高新技术产品进出口快速增长，在进出口总额中比重已经超过 50%。能源、原材料和初级

产品进口大幅度增长。

四、促进了产业结构调整和优化

为适应加入世贸组织新形势，国有企业战略性重组加快。服务业对外开放步伐进一步加速，促进了我国服务市场的发展和服务业整体水平的提高。

五、利用外资增长进一步加快

加入世贸组织后，外商直接投资出现强劲增长的势头，外商投资结构进一步优化，资金、技术密集型项目明显增加。跨国公司来华投资踊跃，设立地区性总部、研发中心增多。外商独资项目比重继续上升。

六、市场经济体制进一步完善

加入世贸组织以来，全面清理了有关法律、法规和规章，初步建立起符合社会主义市场经济需要，符合世贸组织规则和国际惯例要求，统一、完备、透明的涉外经济法律法规体系。在履行义务的同时，我国开始根据世贸规则处理反倾销、保障措施、技术壁垒等中外贸易纠纷。我国冷静应对了美国的钢铁保护、欧盟对我国动物源食品的限制，日本、韩国对我国蔬菜更加严格的检验以及欧洲、日本一些企业在 DVD 知识产权保护方面的纠纷等诸多的贸易诉讼，维护了我国企业的正当利益。

第三节　汇率制度灵活高效

改革开放以前，我国长期实行固定汇率制度，汇率水平严重高估。从 1981 年以来，为使我国汇率水平与经济实力和购买力水平相适应，促进对外贸易的发展，我国先后多次推进汇率制度改革。

一、双重汇率制度时期

1981—1984 年，实行官方牌价和贸易内部结算价并存的双重汇率制度。其中官方汇率运用于非贸易外汇，维持在 1 美元＝1.5 元人民币的水平；贸易内部结算汇率运用于贸易外汇，贸易内部结算价维持在 1 美元＝2.8 元人民币的水平。贸易内部结算价是按照 1978 年全国平均换汇成本 2.53 元人民币加 10％出口利润计算的。贸易内部结算价的采用，解决了外贸部门出口换汇成本过高导致的出口亏损问题，促进了出口的发展。

二、官方汇率与外汇调剂市场并存时期

1985 年到 1993 年年底，实行官方汇率与外汇调剂市场汇率并存时期。由于贸易内部结算价影响了非货物贸易部门积极性，造成外汇管理的混乱，从 1985 年 1 月 1 日起，正式取消了贸易内部结算价，官方汇率定在 1 美元＝2.7963 元人民币的水平。官方汇率应用于贸易结算和非贸易兑换。1986 年我国实行盯住美元的有管理的浮动汇率制度。为消除汇率高估，使人民币同物价水平变化相适应，我国多次大幅度下调官方汇率，到 1992 年 3 月，人民币汇率已下调至 1 美元＝5.74 元人民币。为鼓励出口，国家实行外汇留成制度，建立深圳外汇调剂中心，放开调剂市场汇率。调剂市场汇率按照市场供求状况浮动，从 1988 年到 1992 年 2 月，调剂汇率从 5.7 元人民币贬值为 8.2 元人民币，为限制汇率投机性上涨，一度实行限价，造成外汇流向场外交易。1993 年 5 月取消限价，市场汇率急升至 11.2 人民币，1993 年年底市场汇率回落到 8.72 元人民币。

三、盯住美元汇率时期

1994 年到 2005 年，人民币实际成为"盯住美元汇率制"。从 1994 年 1 月 1 日，国家官方汇率与外汇调剂市场汇率并轨，官方汇率由 1993 年 12 月 31 日的 5.8 元人民币下浮至 1994 年 1 月 1 日的 8.7 元人民币，实行银行结售汇，

建立统一的银行间外汇市场，实行以市场供求为基础的单一汇率。1996 年 11 月人民币实行经常项目下的可兑换。此后人民币结束了长达 16 年的贬值历程，开始稳中趋升。

四、完善人民币汇率形成机制时期

自 2005 年 7 月 21 日起，我国进行了完善人民币汇率形成机制改革，其主要内容是：我国开始实行以市场供求为基础、参考一揽子货币进行调节、有管理的浮动汇率制度；美元对人民币交易价格调整为 1 美元兑 8.11 元人民币，即人民币汇率升值 2%；每日银行间外汇市场美元兑人民币的交易价仍在人民银行公布的美元交易中间价上下 3‰的幅度内浮动，非美元货币对人民币的交易价在人民银行公布的该货币交易中间价上下一定幅度内浮动。2010 年 6 月份，我国宣布进一步推进人民币汇率形成机制改革，增强人民币汇率弹性。与 2005 年汇改开始时相比，2013 年人民币对美元升值超过了 34%，人民币对欧元升值超过 20%。

第四节　充分发掘自身优势

我国是世界上最大的发展中国家，也是劳动力资源最丰富的国家。改革开放以来，我国在外贸发展战略的选择上，利用世界经济结构调整的机会，在战略上发展外向型经济，坚持从劳动力资源丰富而且廉价的基本国情出发，走出了一条以劳动密集型为主要特征的制造业立国的发展道路，创造了举世瞩目的中国经济奇迹，使我国从一个落后经济体发展成为"世界工厂"和"全球制造业基地"。

一、积极参与国际大循环，融入全球分工体系

改革开放以来，国家开始在沿海地区大力发展劳动密集型产业。通过发展劳

动密集型或劳动密集和知识密集相结合的产品出口，一方面解决农村剩余劳动力的出路，另一方面在国际市场换取外汇，并获得国外先进的管理经验和技术。

二、通过来料加工和进料加工，大力发展加工贸易

加工贸易是国际"水平分工"得以实现的重要贸易方式。改革开放以来，我国遵循市场规律，积极利用自身的比较优势，大力发展加工贸易。我国加工贸易的进出口总额已经由 1981 年的 25 亿美元增加到 2010 年的接近 1.2 万亿美元，增长了 480 倍，占我国对外贸易的比重由 5％提升至 40％。加工贸易的迅猛发展，使我国深刻地融入全球分工体系中，实现了与发达国家在全球贸易往来中的互利共赢。我国加工贸易的主要进出口国家和地区为美国、日本、欧盟、中国香港、中国台湾、韩国、东盟，与上述地区的加工贸易进出口占我国加工贸易总额的 80％左右。加工贸易使我国成为"世界工厂"，发达国家的产业承接地，成为全球分工体系中的重要一环。

三、吸引发达国家和地区将机电产品的劳动密集型部分转移到我国

1995 年我国机电产品出口 438.6 亿美元，超过纺织品成为最大的出口商品类别。2013 年全年，我国机电产品进出口总额高达 2.1 万亿美元，首次突破 2 万亿美元，连续 4 年成为世界第一大机电产品贸易国。与 1980 年的 72.1 亿美元相比，增长 290 倍。其中，出口从 1980 年的 15.6 亿美元增加到 1.26 万亿美元，占货物贸易出口的比重由 8.6％增长到 57％。目前出口份额最大的机电产品一般都是劳动密集型产品，如电视机、电风扇、电话机、手表、照相机、一般机械、集装箱、船舶等，这些行业吸收了大量就业。

四、积极发掘和利用外资企业、加工贸易的"溢出效应"，培育本土企业

尽管在发展初期，我国的对外贸易以承接发达国家的产业转移为主，加

工贸易占据比较大的份额。随着加工贸易在我国境内的逐步发展，加工贸易企业为我国相关产业的发展培育了大批接受世界先进管理经验的产业工人、管理人员，完善了上下游的产业链，并倒逼经济管理模式的转变。本土企业、一般贸易发展迅速，贸易额占比逐步提高。

以机电产品出口为例，在承接产业之初的 1985 年，机电产品出口中加工贸易比重为 43％，一般贸易比重为 55％。到了加工贸易发展高峰阶段，加工贸易所占比重达到 7 成以上，例如，2001 年加工贸易占机电产品出口总额的比重为 71％，一般贸易比重仅为 23％。然而，随着本土企业的进一步发展，国内供应链条进一步延伸，一般贸易发展速度开始呈现快于加工贸易之势。根据最新数据，2013 年我国机电产品出口中，一般贸易的比重上升到 35％，加工贸易比重下降到 51％。同时，机电产品民营企业出口占比从 2001 年的不到 5％增长到 2013 年的 30％，以 40.3％的年增长率成为拉动中国机电产品外贸增长的主力军。机电产品进出口商会表示："我国已经初步形成门类齐全、行业特色鲜明且以高新技术、高附加值产品为主的商品结构。"到 2013 年，我国计算机、手机等产品出口量占全球的 70％以上，并涌现出联想、华为、小米等一系列自主品牌，同时，在工程机械领域，徐工集团、中联重科和三一重工等工程企业已经进入全球行业排行前十。

第五节　把握产业转移机遇

改革开放以来，我国凭借良好的投资环境，低廉的劳动力成本和庞大的国内市场，成为国际产业转移的理想承接地，成为外商直接投资首选的发展中国家。我们立足自身优势扬长避短，主动参与经济全球化，紧紧抓住科技革命和产业转移的历史机遇，外贸出口成功实现了两次历史性跨越，未来还将实现第三次历史性跨越，这是我国外贸高速发展的根本原因。

一、资源型产品向劳动密集型产品跨越

1979—1986 年，我国实现了外贸出口从主要依托资源型产品转变为主要

依托劳动密集型制成品的第一次历史性跨越。在此期间，我国实际利用外资累计 305.8 亿美元，其中大部分投资为港台地区转移的劳动密集型轻工纺织企业。1986 年，纺织服装产品取代石油成为我国第一大出口产品，标志着我国实现了外贸出口从主要依托资源型产品转变为主要依托劳动密集型制成品的第一次历史性跨越。在此期间，我国外贸进出口总额从 293.3 亿美元增加到 738.5 亿美元，其中出口从 136.6 亿美元增加到 309.4 亿美元。

二、低端劳动密集型产品向机电产品跨越

1987—1995 年，实现了外贸出口从主要依托劳动密集型制成品出口转变为主要依托机电产品出口的第二次历史性跨越。在此期间，我国实际利用外资累计 2000.9 亿美元，外商投资的重点从轻工纺织等劳动密集型产业发展到电子通信、汽车、机电等产业。1995 年，机电产品出口首次超过纺织服装产品成为最大类出口产品，实现了外贸出口从主要依托劳动密集型制成品出口转变为主要依托兼具劳动密集型和资本技术密集型双重特性的机电产品出口的第二次历史性跨越。在此期间，我国外贸进出口总额从 826.5 亿美元增加到 2808.6 亿美元，其中出口从 394.4 亿美元增加到 1487.8 亿美元。

三、机电产品向高新技术产品的跨越

1996—2020 年，我国外贸出口将从主要依托机电产品出口转变为主要依托高新技术产品出口，从而实现我国外贸出口的第三次历史性跨越。随着世界范围内产业结构调整步伐不断加快以及国际 IT 产业向我国进行产业转移进程的加速推进，我国高新技术产业进入到了一个高速发展的时期。1996—2009 年，我国实际利用外资累计 9109.6 亿美元，2012 年，我国实际使用外资金额为 1210.73 亿美元，我国承接国际制造业转移取得显著成效，外商投资的重点从简单的装配制造延伸至研究开发领域，在技术、管理和经营理念等方面起到了良好的示范效应。同期我国高新技术产品进出口占进出口总额的比重从 12.1% 提高到 31.1%。（参见表 3-1）

表 3-1 中国历年吸收外商直接投资统计

单位：亿美元

年份	外商投资企业数	实际使用外资金额
1979—1982	920	17.69
1983	638	9.16
1984	2166	14.19
1985	3073	19.56
1986	1498	22.44
1987	2233	23.14
1988	5945	31.94
1989	5779	33.93
1990	7273	34.87
1991	12978	43.66
1992	48764	110.08
1993	83437	275.15
1994	47549	337.67
1995	37011	375.21
1996	24556	417.26
1997	21001	452.57
1998	19799	454.63
1999	16918	403.19
2000	22347	407.15
2001	26140	468.78
2002	34171	527.43
2003	41081	535.05
2004	43664	606.3
2005	44019	724.06
2006	41496	727.15
2007	37892	835.21
2008	27537	1083.12
2009	23442	940.65
2010	27420	1147.34
2011	27717	1239.85
2012	24934	1210.73
2013	22773	1175.86
总计	786171	14705.02

目前在我国设立的外商投资企业 66 万家，其中美资企业 3 万多家，有进出口实绩的外商投资企业达 6.5 万家。我国已经成为跨国公司在全球市场上最重要的"生产基地"。外商投资企业主导了我国 55％左右的对外贸易，其中 60％以上为加工贸易。2009 年我国外商投资企业加工贸易项下的贸易顺差高达 2228 亿美元，相当于当年我国对外贸易总顺差的 1.1 倍。2013 年，我国机电产品出口 12655.38 亿美元，同比增长 7.3％，占出口总额的 57.3％；高新技术产品出口 6603.4 亿美元，同比增长 9.8％；纺织品、服装、箱包、鞋类、玩具、家具、塑料制品等七大类劳动密集型产品出口 4618.4 亿美元，占出口总值的比重仅为 20.9％。

预计到 2020 年，我国外贸出口将从主要依托机电产品出口转变为主要依托高新技术产品出口，从而实现我国外贸出口的第三次历史性跨越。

第六节　以我为主有序开放

1978 年召开的党的十一届三中全会，顺利实现全党工作重心的转移，确立了我国对外开放的基本国策。30 多年来，面对国际政治风云的变幻，我国始终坚持以我为主的原则，根据我国的承受能力和发展要求，循序渐进、有序开放，既避免了过快开放可能带来的风险，维护了我国经济发展的主动权和重大政策的独立性，为国内弱势产业尤其是重要敏感产业争取了必要的保护和过渡期；又抓住机遇，不失时机地推进对外开放，形成了全方位、多领域、多层次的对外开放格局。我国的对外开放，具有以下几个特点。

一、对外开放的地域逐步扩大

1981 年我国决定在深圳、珠海、汕头和厦门设立经济特区。1984 年进一步开放 14 个沿海港口城市；1985 年设立长江三角洲、珠江三角洲和闽南厦漳泉三角地区为沿海经济开放区；1988 年将沿海经济开放区扩展到辽东半岛、山东半岛以及其他沿海地区的城市，批准设立海南经济特区；1990 年国家决定开发和开放上海浦东新区；1992 年相继开放了重庆等 6 个沿江港口城市，以及满洲里等 13 个沿边城市和 18 个内陆省会城市；随后，又陆续开放了一大批符合条件的内陆市县。国家还先后设立了一大批国家经济开发区、高新技术开发区、保税区、海关特殊监管区域、保税港区、综合保税区和开放口岸。

二、对外开放的领域逐步拓展

改革开放初期，吸引外资主要集中在劳动密集型的加工装配项目和宾馆等服务项目。1986 年国家颁布《关于鼓励外商投资的规定》，并公布外商投资指导目录，引导外资投向基础产业和高新技术产业。1992 年以后，在金融、保险、交通、商业、房地产等服务贸易领域进行外商投资试点。2001 年我国加入 WTO 后，又按照入世承诺，进一步扩大农业、制造业和服务业的对外开放。我国对外开放的产业领域从一般加工工业逐步拓展到基础产业、高新技术产业、基础设施和金融、保险、商业等服务贸易领域。

三、对外开放的层次逐步提高

1979 年我国颁布第一部外商投资有关的法律《中外合资经营企业法》。1988 年打破外贸垄断经营体制，在对外贸易领域引入竞争机制。1994 年进一步改革外贸体制，实现了政企分开，外贸企业实行自主经营，自负盈亏。1994 年取消了汇率"双轨制"，1996 年 12 月，实现了经常项目下人民币可自由兑换。对外商投资、境外投资项目的投资管理体制不断进行改革，扩大企业和地方政府的投资项目审批权，2004 年《国务院关于投资体制改革的决定》发布以后，外商投资和境外投资项目一律从审批制改为核准制。2001 年 12 月 11 日，加入世贸组织以来，我国适时制定和完善了涉外法律法规，初步建立起有利于社会主义市场经济发展、符合世贸组织要求、有利于保证市场公平竞争的法律体系。2013 年，中国（上海）自由贸易实验区的设立，翻开了我国进一步扩大开放、以开放促改革的新一页。

第二篇

外贸发展粗放依旧

第四章 外贸粗放发展之表现

"十五"期间,我国对外开放取得很大成绩,进出口总额年均增长速度比世界平均水平高出 1 倍以上,占世界贸易额的比重由 3％上升到 6.5％,进出口贸易世界排名由 2000 年的第 7 位提升至第 3 位。但是我们也要看到,受产业发展整体水平的制约,我国外贸增长仍属于较为粗放的数量扩张型,出口增长的质量和效益还有待进一步提高,主要表现在以下方面。

第一节 出口价格不升反降

1995—2002 年,我国出口总额增长 119％,但同期出口价格却下降 20％以上。2005 年,出口数量增长 24.9％,价格虽然上涨 2.7％,但主要是全球能源、原材料等价格上涨推动的。从一些重要商品出口价格和数量看,粗放型增长仍很严重:活植物、茎根、插花、簇叶出口数量增长 45.5％,价格下降 17.4％;编制用植物材料和其他植物产品出口数量增长 23.3％,价格下降 8.1％;饮料、酒及醋出口数量增长 14.9％,价格下降 16.2％;照相及电影用品出口数量增长 34％,价格下降 15.2％;机电、音像设备及其零附件出口数量增长 34.2％,价格下降 3.2％;船舶及浮动结构体出口数量增长 82.8％,价格下降 18.3％;电机、电气及其零附件出口数量增长 38.6％,价格下降 4.1％。这说明,我国对外贸易的快速增长,主要是依靠劳动力、资金、土地、资源等要素粗放投入实现的,持续增长的基础脆弱。

第二节 "两高一资"比重较高

近年来，随着国际高耗能、高污染产业向我国等发展中国家转移，以及国际市场对资源性产品需求增加，我国高耗能、高污染、资源性产品出口增长迅猛。其中钢材、电解铝、铁合金 2004 年出口量分别比上年增长了 104.4%、34.8%、20.2%。针对这种情况，2005 年国务院第 32 次常务会议确定了控制"高耗能、高污染、资源性"产品出口的方针。发展改革委、财政部、商务部、国土资源部、海关总署、税务总局、环保总局随即组成联合工作组，经报请国务院批准，先后分三批采取调整出口退税，加征出口关税，削减部分资源性产品出口配额，停止部分高耗能、高污染产品的加工贸易等措施，抑制高耗能、高污染、资源性产品出口。

根据国家统计局和工信部数据，以钢铁、水泥、平板玻璃、电解铝、光伏、汽车六大行业为例，2012 年我国粗钢生产能力达 9.5 亿吨，粗钢产量只有 7.2 亿吨，产能利用率为 76%；水泥产量达 21.84 亿吨，比 2011 年增加 5%，产能利用率从 2011 年的 80.5% 下降到 2012 年的 79.04%；2012 年全国共有浮法玻璃生产线 270 条，其中停产冷修的约 30 条，产能利用率约 79.9%，同时在建、拟建的生产线仍有 30～40 条；2012 年电解铝产能为 2700 万吨，产量仅为 200 万吨，产能利用率为 74.07%，同时产销量仅为 95.1%；光伏产业产能过剩更是明显，2011 年全球光伏产能过剩为 10 吉瓦，2012 年为 22 吉瓦，而我国光伏组件的产量占据世界 60% 以上。中国汽车行业的平均产能利用率已从 2010 年的 85% 下降到 2012 年的 70%，而按照国家发改委的行业预测报告，到 2015 年中国汽车产业的产能将达 4000 多万辆。与此相对应，即使未来 5 年国内市场需求按 10% 的增速计算，到 2015 年也才仅有 2908 万辆的需求规模。

根据《经济参考报》统计，2012 年，我国工业产值已经占据国内生产总值的 40%，总额高达 20 万亿元，同时，工业制成品的产能利用率仅为 80.1%，也就意味着我国大约有 5 万亿元人民币的产能没有转化成实际价值。

由于部分产品产能过剩、国内外价差较大，企业出口仍有较高的积极性，"两高一资"产品出口所占比重仍然偏高。

第三节　质量效益仍待提高

目前我国有近 200 种产品的产量位居世界第一，但技术水平、劳动生产率和工业增加值率都还比较低，先进技术、先进设备、先进工业较为缺乏。与发达国家相比，技术差距主要在于技术指标水平低、数字化技术运用低、自动化水平低等方面。即使在我国具有较高技术含量的通信、半导体、生物医药和计算机等高新技术出口产品中，国内企业获得授权的专利数也较少，不足 40％。缺乏自主知识产权和关键核心技术是产品的附加值偏低的主要原因，出口效益很难得到实质性提高，多数产业在国际产业分工体系中处于价值链的低端。同时，我国还存在科研转化能力低、科研经费利用率低的问题，2013 年，中国研发投入已超过 1 万亿元，成为仅次于美国的第二大研发投入国，但是科研浪费现象十分突出，同时研发成果的市场化、产业化水平较低，中国出口产品技术水平仍待提高。

从产品质量看，我国外贸出口产品质量与国际先进水平还有明显差距。部分产品外观质量差、外形设计单调、未能达到进口国标准。中国的外贸企业以中小企业居多，由于缺乏核心竞争力，在技术水平接近的情况下，企业过分比拼成本，而不是进行以创新、服务为基础的专业化、差异化竞争。这导致许多行业出口的平均利润率大幅下降。利润率的下降反过来又进一步造成工程原材料和施工标准的降低，影响了中国出口产品的质量信誉，部分进口中国商品的国家甚至取消了对中国商品进口时的免检优惠。其中，纺织品、水产品、畜产品、农副产品等存在较多的质量问题。

第四节　进口主动权不在我手

我国是世界上石油、铜、大豆等许多大宗原材料的"大买家"，却没有大宗原材料的国际定价话语权，没有掌握大宗原材料市场竞争的"主动权"。我国已经成为全球加工制造中心，虽主导了生产，但主导不了贸易。中国企业处于产业中低端加工生产环节，遭受境外企业、国际炒家两头夹击，只能被动地参与交易。以服装为例，一般外商在中国的采购价与国外连锁店的售价之比为 1∶8 至 1∶10。以钢铁为例，尽管我国当前已经成为世界钢铁第一大生产国和铁矿石第一大进口国，但我国迄今为止并未完全取得铁矿石价格谈判的主导权。我国钢铁行业的行业集中度非常低，世界主要产钢国家前 4 家企业的集中度多数在 60% 以上，其中巴西为 99.0%、韩国 88.3%、日本 74.77%、印度 67.7%、美国 52.9%、俄罗斯 69.2%，而我国只有 42.6%，较低的产业集中度导致出口环节恶性降价，进口环节竞争加价，一些企业特别是中小企业为了保证生产的顺利进行，不惜抬高原材料的进口价格。以 2009 年为例，由于铁矿石涨价使我们多支付了 1700 亿元。我国大量进口铁矿石，使进口铁矿石的价格迅速上涨，2004—2008 年累计上涨 3.37 倍。据统计，2009 年我国铁矿石进口价高的时候要比日本高出 60 多美元/吨，削弱了我国钢铁企业的竞争力优势。原材料进口定价权的缺失，铁矿石进口价格过高，导致行业利润向国外转移。

第五章 外贸粗放发展深度分析

第一节 粗放发展的不利影响

数量扩张型外贸增长给国民经济带来一些问题，突出表现如下。

一、我国能源、资源难以支撑粗放型经济增长

近年来，我国能源约束的矛盾十分突出，电力供需矛盾加剧。2005 年全国有 12～26 个省电力供应紧张，不得不拉闸限电，受此影响广州一季度近四成的大型出口企业出口下降。此外，能源价格的持续上涨，使企业出口的成本不断攀升，给出口企业带来很大的压力。

由于我国经济、贸易长期实施粗放型增长，资源产出能耗和资源消耗水平明显高于国际先进水平。据测算，我国每创造 1 美元 GDP 所消耗的能源是美国的 4.3 倍，日本的 11.5 倍，能源利用率仅为美国的 11.5%。据有关单位预测，2005—2020 年中国石油每年需求缺口为 0.7 亿～1.8 亿吨。国际能源机构分析，2013 年中国石油需求有一半依赖进口，2020 年中国石油需求将有80% 依赖进口。

从我国资源条件看，我国经济贸易快速增长与资源约束的矛盾日渐突出。我国人均资源量远远低于世界水平，人均矿产占有量为世界人均水平的 1/2、人均石油、天然气和煤炭量为世界人均水平的 1/10、1/20、3/5。"十一五"期间，电、油、矿产等资源短缺对经济贸易发展的约束会进一步加剧。

二、劳动力、土地、水等生产要素约束矛盾逐步显现

随着我国经济的发展和人民生活水平的提高，劳动力、土地、水资源等

要素价格不断提高，资源供给约束矛盾逐步显现。首先，过度使用廉价劳动力资源已经受到很大限制。近年来在广东等沿海地区出现的"民工荒"，证明了以压低劳动力工资、牺牲劳动者福利来换取价格优势的出口增长已经快走到极限，如果不转变增长方式，不把自己的竞争优势建立在技术与品牌的基础上，我们就不可能保持对外贸易的持续健康发展。其次，土地资源不足的矛盾越来越突出。对外贸易发达的沿海地区，大部分土地资源已经占用，一些地区甚至出现无地可供的局面。第三，水资源的严重短缺也对外贸发展提出了挑战。

三、外贸效益低下、工人收入长期偏低，影响国内需求

由于增长方式粗放，盲目竞争、竞相降价，造成外贸效益低下。我国是DVD出口大国，但是每出口一台DVD仅售39美元，却要向国外公司支付19.7美元的专利使用费，占成本70%的机芯等部件均依赖进口，导致该行业出口量大利薄。据有关部门统计，我国出口企业中拥有自主品牌的不到20%，自主品牌出口占全国出口总额的比重低于10%。由于缺乏自主品牌，90%以上的利润被外国品牌商拿走。据调查，过去10年，我国对外贸易持续快速增长，但扣除物价上涨因素，工人实际工资增速相对较慢。外贸发展方式粗放造成的工人工资长期偏低，在很大程度上抑制了国内需求的增长，这也是我国消费需求难以扩大的一个重要原因。

四、低端国际竞争加剧，贸易摩擦增多

随着国际竞争特别是其他发展中国家对外贸易的迅速发展，也使低效益、数量扩张型的出口模式受到严峻的挑战。中国与发展中国家在劳动密集型产品方面争夺国际市场份额的竞争日益明显。有关资料显示，中国出口到美国的产品，与马来西亚处于完全直接竞争状态的产品达到50%，与印度尼西亚产品达到80%，与菲律宾产品达到100%的完全竞争状态。2010—2013年，我国对日本出口逐渐下降，而东南亚国家逐步抢占了中国的市场份额，对日本出口增速达到30%左右。印度、巴基斯坦以及其他发展中国家，也将在劳

动密集型产品上与我展开竞争，从而使我国的出口效益进一步下降。劳动密集型产业占中国出口产品的 70％左右，低端国际竞争加剧将直接关系到中国对外贸易的增长速度和市场份额。

低端国际竞争加剧的是中国面对的贸易摩擦增多的重要原因。随着我国外贸规模的急剧扩张，特别是低附加值商品出口的急剧增加，容易招致发达国家反倾销、反补贴、实施保障性措施和技术性贸易壁垒。据世贸组织统计，从 1995—2004 年，我国共遭受反倾销 365 起，是遭受反倾销最多的国家。2013 年，中国共遭遇 92 起贸易摩擦。预计 2014 年将超过 100 起，贸易摩擦已经成为中国企业出口的主要风险之一。在涉案金额增大的同时，贸易摩擦正逐步从产品、企业等微观经济层面向我国宏观经济政策、体制和制度层面延伸，涉及人民币汇率形成机制、企业用工制度和劳动保障制度等方面的摩擦不断出现。随着我国出口份额的扩大，预计今后贸易摩擦还会进一步增加。

五、人民币升值压力增大

近年来，随着我国外贸顺差规模不断扩大，特别是对美、欧贸易顺差大量增加。美方统计 2004 年对我逆差 1619.8 亿美元，2005 年进一步增加到 2116.3 亿美元的历史高位，2007 年达到 2981 亿美元。金融危机之后，2013 年我国贸易顺差仍接近 2600 亿美元。虽然贸易统计方式是造成我国与特定国家贸易顺差过大的重要原因，但是顺差大量增加进一步加剧了与美国、欧盟的矛盾。近年来国际社会尤其是美国、欧盟、日本等对我国人民币升值不断施压，一些国家甚至出现"中国威胁论"的论调。同时，有些国家实行超量化的宽松货币政策，而我国实行的是稳健的货币政策，这在一定程度上进一步倒逼人民币升值。

第二节　粗放发展模式的多重根源

外贸粗放型增长的原因是多方面的，既有发展阶段的制约，经济体制改革不到位，外贸发展政策导向方面的原因，也有税收政策不完善，出口产品成本构成不合理、加工贸易大进大出等方面的原因。

一、生产力水平和国民经济发展阶段制约

我国早在"九五"计划中就提出了转变经济增长方式的要求，虽然取得了明显成效，但从总体上看，我国经济增长方式没有实现根本转变，以"高投入、高消耗、高排放和低效率"为特征的粗放型经济增长格局还在继续。据测算，我国用近 50 亿吨的自然资源创造了 1.6 万亿美元的国内生产总值，而日本用 20 亿吨的自然资源创造了近 5 万亿美元的国内生产总值。外贸发展方式是经济增长方式的一个重要组成部分。按照经济学理论，没有生产就没有流通。虽然在一定条件下流通对生产有一定的反作用，但是生产是基础，生产决定流通，经济或生产结构决定了贸易结构的合理程度。整个国民经济表现为粗放型增长，制约了外贸发展方式的转变。

二、经济体制改革尚不到位

经过 20 多年的努力，我国各项改革取得了举世瞩目的巨大成就，社会主义市场经济体制初步建立。但必须看到，改革任务尚未完成，未来改革仍然任重道远，我国对外贸易增长方式存在的矛盾和问题，与政府职能转变不到位、财税金融体制不健全和企业改革不到位有直接关系；资源的严重浪费和低效使用与土地、水和重要矿产资源的产权制度不明确、价格形成机制不合理有直接关系。

三、外贸发展政策导向不尽科学

改革开放以来，我国的外贸政策基本上是以数量和速度增长为导向，过分追求数量扩张，忽视出口增长的质量和效益。地方政府把外贸出口增长数量和速度作为考核政绩的硬性指标，层层分解下达，并竞相出台鼓励出口的

地方政策。受这种政策导向影响，企业为完成出口创汇任务，对内相互抢购货源，导致国内轮番涨价，推动出口商品成本上升，对外自相竞争低价竞销，经济效益下滑。近期中央明确提出了不能以 GDP 论英雄，同样也不能唯出口增速和数量论英雄。

四、税收等相关配套政策仍不完善

各类企业在外贸经济活动中，自主权和平等地位还没有真正确立，促进外贸质量效益型增长的税收政策不完善。涉外经济法规不健全，统一、公平和可预见的法制环境还没有形成。外贸风险管理手段单一，妥善应对国际贸易争端的机制还没有建立，涉外经济活动缺乏统一协调和统一监管的体制。

五、部分行业产能过剩问题尚未得到根本解决

近年来，由于经济增长方式粗放、体制机制不完善，钢铁、电解铝、电石、铁合金、焦炭、汽车等行业过度投资、低水平扩张，导致产能明显过剩。其结果，一方面造成国内产品价格下跌、库存上升、企业利润下降、亏损增加；另一方面出口企业低价竞争、贸易摩擦加剧。

六、出口商品成本构成不够合理

出口商品成本构成不合理主要表现在：一是出口企业工人工资标准低、社会保险不健全、生产环境较差；二是企业环保意识差，污染排放等外部成本尚未完全由企业承担，相关环保费用在出口成本中没有得到反映；三是水、土地等资源价格偏低，不能反映市场供求状况和成本资源稀缺程度。

七、加工贸易比重偏高

多年来我国实行鼓励加工贸易的政策。2013 年，我国产业链长、增值率

较高的一般贸易进出口 2.2 万亿美元，占同期我国进出口总值的 52.8%。加工贸易进出口 1.36 万亿美元，增长 1%，占进出口总值的 32.6%，比重仍然较高。由于加工贸易主要特点是大进大出，国内增值率不高，虽然进出口增长速度很高，但效益偏低。

八、部分地方运用变相优惠政策吸引外资

一些地方通过提供廉价甚至免费的土地，通过损害农民利益使外资企业获得额外的利润。另一方面，由于生产要素和资源定价过低，导致国内福利和国内资源的廉价转移。这种格局在一定程度上导致了出口越多，国民福利流失越多的奇怪现象。

第六章　外贸发展战略转型

转变对外贸易发展方式，是国民经济发展到一定阶段的客观要求，也是我国对外贸易发展的必然选择。

第一节　战略转型必要性

从外贸转型方式的必要性看，主要有以下几点。

一、资源约束矛盾越来越突出

由于我国高投入、高消耗、低效益的粗放型增长方式没有得到显著改观，经济贸易的快速发展，使国内对各种资源的消费量也在急剧增长，资源约束的矛盾日益突出。目前我国已成为煤炭、钢铁、铜、石油、电力等世界第一消费大国。从能源消耗看，1980 年我国能源消费总量 6.02 亿吨标准煤，2006 年达到 24.6 亿吨标准煤，2013 年达到 37.5 亿吨标准煤，比 2012 年增长 3.7％。能源约束的矛盾仍十分突出，电力供需矛盾加剧。此外，能源价格的持续上涨，使企业出口的成本不断攀升，给出口企业带来很大的压力。

由于我国经济、贸易长期实施粗放型增长，资源产出能耗和资源消耗水平明显高于国际先进水平。据测算，我国每创造 1 美元 GDP 所消耗的能源是美国的 4.3 倍，日本的 11.5 倍，能源利用率仅为美国的 11.5％。据有关单位预测，2005—2020 年中国石油每年需求缺口为 0.7 亿～1.8 亿吨。国际能源机构分析，2010 年中国石油需求将有一半依赖进口，2020 年中国石油需求将有 80％依赖进口。

从我国资源条件看，我国经济贸易快速增长与资源约束的矛盾日渐突出。

我国人均资源量远远低于世界水平，人均矿产占有量为世界人均水平的 1/2、人均石油、天然气和煤炭量为世界人均水平的 1/10、1/20、3/5。电、油、矿产等资源短缺对经济贸易发展的约束会越来越强化。

二、生产要素约束矛盾逐步显现

随着我国经济的发展和人民生活水平的提高，劳动力、土地、水资源等要素价格不断提高，资源供给约束矛盾逐步显现。首先，过度使用廉价劳动力资源已经受到很大限制。近年来在广东等沿海地区出现的"民工荒"，证明了以压低劳动力工资、牺牲劳动者福利来换取价格优势的出口增长已经快走到极限，如果不转变增长方式，不把自己的竞争优势建立在技术与品牌的基础上，我们就不可能保持对外贸易的持续健康发展。其次，土地资源不足的矛盾越来越突出。对外贸易发达的沿海地区，大部分土地资源已经占用，一些地区甚至出现无地可供的局面。最后，水资源的严重短缺也对外贸发展提出了挑战。

三、较大基数将使外贸增长速度放慢

按照一般经济规律，当规模和基数较小的时候，增长速度可以很快甚至超常增长；但当规模和基数很大时，增长速度将会明显放慢。2013 年我国对外贸易超过 4 亿美元，一些产品在主要市场已经占有很大的份额，在这种情况下，我国外贸每增长 1 个百分点，市场份额就提高 1 个百分点，其难度较以往大大增加。（参见表 6-1）

表 6-1　1980—2012 年中国、美国、德国、日本出口占世界市场份额比较

年份	中国（%）	美国（%）	德国（%）	日本（%）
1980	0.9	11.3	9.7	6.6
1985	1.4	11.2	9.5	9.2
1990	1.8	11.2	11.8	8.3
1991	2.0	11.7	11.4	8.9
1992	2.3	11.9	11.4	9.2
1993	2.5	12.4	10.3	9.8

续表

年份	中国（%）	美国（%）	德国（%）	日本（%）
1994	2.9	12.1	10.2	9.5
1995	3.0	11.5	10.1	8.8
1996	2.9	11.7	10.0	7.8
1997	3.4	12.4	9.4	7.7
1998	3.4	12.4	10.0	7.2
1999	3.6	12.8	9.9	7.6
2000	3.9	12.1	8.5	7.4
2001	4.3	11.8	9.2	6.5
2002	5.0	10.7	9.5	6.4
2003	5.8	9.6	9.9	6.2
2004	6.5	8.9	9.9	6.1
2005	7.3	8.7	9.3	5.7
2006	8.0	8.6	9.1	5.3
2007	8.8	8.3	9.4	5.1
2008	8.9	8.1	9.1	4.9
2009	9.6	8.5	9.0	4.6
2010	10.4	8.4	8.3	5.1
2011	10.4	8.1	8.1	4.5
2012	11.1	8.4	7.6	4.3

第二节　战略转型时机已到

从转变对外贸易发展方式的可能性看，我国具备了加快转变对外贸易发展方式的现实基础。

一、从产业基础看，随着产业结构不断调整，我国主要产业竞争力不断提高

一是国内产业整体技术水平和竞争力在较快提升，包括汽车及零部件、数控机床、电站设备在内的一批技术含量较高、附加值较高的产品，出口有

望出现突破性的快速增长。二是传统出口商品的技术含量和附加值继续提升，即使是劳动密集型产品，也可以从出口中获得更大的收益。三是外商投资企业继续提升产业层次和加工深度，加强研发能力，有利于提升其出口商品的国内增值率。

二、从体制环境看，加入世贸组织后进一步扩展了我国对外开放的广度和深度

作为世贸组织成员，我国积极推动贸易投资自由化，促进多边贸易体系更趋完善，这必将为我国扩大商品出口、发展服务贸易提供更为广阔的国际市场空间，也将有助于从国际市场获得国内短缺的资源和技术。

三、从发展环境看，我国对外贸易发展面临新的战略机遇期

近年来，我国紧紧抓住国际制造业加快转移的机遇，成为世界重要的加工基地，周边国家对我国出口快速增长，对我国依赖不断加深，为我国改善多双边经贸关系提供了有利条件。同时，我国经济贸易规模不断扩大，发达国家更加重视我国巨大的市场潜力，国际制造业向我国的转移方兴未艾。服务贸易在世界贸易中的份额不断提高，研发、物流等服务环节的国际转移日益加快，为我国服务贸易的发展带来了新的机遇。

四、从投资环境看，跨国直接投资将进一步推动对外贸易发展

随着跨国公司数量的增长和规模的扩大，公司内贸易在世界贸易中的地位越来越重要。根据联合国贸发会议的估计，目前公司内贸易已占世界贸易总量的1/3左右。公司内贸易使跨国公司可以在全球范围内优化配置生产要素，降低交易成本，稳定生产经营，有效地促进了国际贸易的增长。经济全球化的发展，有利于我国更好地参与国际分工，提高吸收外资的质量和水平，也将进一步推动对外贸易的发展。在"引进来"的同时，我国还将积极推动

有实力、有条件的企业"走出去"，拓展经济发展空间。目前我国一批企业已经具备了一定的参与国际合作和竞争的能力，开始走出国门，建立全球生产和销售网络。对外投资的扩大，必将带动我国对外贸易的发展。

五、技术创新和金融改革将为转变外贸发展方式创造良好条件

产业转移的加快为我们提供了大量获得外部技术和提高研发能力的机会，有利于增强我国的"后发优势"，提高我国的国际竞争能力。金融的对外开放有利于我国借鉴国际经验，加强国际金融合作，进一步完善我国的金融体系，利用国际金融市场促进国内经济贸易发展。

六、就业压力的下降为促进产业结构升级提供了条件

过去一段时间，我国劳动力供给方面已经发生了比较大的逆转。根据2010年我国第六次人口普查分析，我国15岁到59岁的劳动年龄人口在2010年达到最高峰，之后开始下降，2011年首次出现了劳动年龄人口的绝对减少，2012年劳动年龄人口更减少了345万。过去相当一段时间，由于农村转移劳动力源源不断地涌入城市，我国处于劳动力无限供给的"人口红利"期，人口红利是我国经济迅速发展的重要原因，但经济高速发展阶段的就业压力也相当突出，在一定程度上导致了以加工贸易为主要方式的出口。但是，随着各地"用工荒"的到来，出口要承担的缓解社会就业压力的任务减轻，通过技术升级、产业链延伸等方式提高生产率成为最佳选择。

第三篇

外贸发展战略转型——优化结构

第七章 扩大劳动密集型和高附加值、高技术含量产品出口

第一节 劳动密集型产业面面观

一、劳动密集型产业并不等同于粗放型经济

目前有一种看法认为，劳动密集型产业就是粗放型经济，资本密集型产业就是集约型经济。如何看待这一问题，不仅关系到国家政策走向，而且对劳动密集型产业发展至关重要。我们认为，这种观点并不正确，主要根据如下。

（一）总和要素生产率是判断粗放型或集约性经济的标准

从判断经济的粗放型或集约型标准看，我们应从总和要素生产率而不能仅从单一要素生产率的角度来加以判别。例如，如果单纯从劳动生产率来看，劳动密集型产业是"粗放"的，但如果从总和要素生产率来看，劳动密集型产业的效率和集约程度并不比资本密集型产业低。各种证据表明，我国劳动密集型产业的总效率大大高于资本密集型产业。因此，不能简单地把劳动密集型产业等同于粗放型经济，把资本密集型产业等同于集约型经济。

（二）技术进步是转变经济发展方式的核心

从转变经济发展方式来看，技术进步是转变经济发展方式的核心，但技术进步也并不是否定劳动密集型产业的发展。技术进步的总趋势是以资本替代劳动，但是在技术进步具体而漫长的过程中，并不总是以资本替代劳动，而是表现为多种形式。一般来说，主要有三种形式，即节省劳动的技术进步、节省资本的技术进步和资本——劳动比例保持不变的中性的技术进步。因此，

不能简单地认为实行技术进步就是发展资本密集型经济而否定劳动密集型产业。

（三）发达国家劳动密集型产业依然存在

从国外经验看，美国、日本、德国、意大利、西班牙等发达国家以及韩国、台湾地区等新兴市场国家和地区，劳动密集型产业虽然并不是他们的比较优势产业，但都存在着很多劳动密集型产业。从这些国家和地区政府的态度看，对保障就业的劳动密集型企业尤其是中小企业，都是大力支持的，不仅出台了财政、金融等方面的支持政策和法规，而且均设立了相应的政府管理机构如中小企业管理局等。

（四）我国离不开劳动密集型经济的发展

从我国农业现代化进程中剩余劳动力的转移、经济结构调整所释放的失业人员的吸纳、国际比较优势的发挥等国民经济重大问题的解决来看，都离不开劳动密集型经济的发展。国内外经验告诉我们，必须克服经济工作中偏好资本而忽视劳动力的错误倾向，实行符合自身国情的经济发展方式。在目前加快转变经济发展方式的前提下，我国劳动密集型产品的出口不仅不应被削弱，反而需要大力发展。因此我们还要继续高度重视，并采取积极有效地措施解决其自身存在的问题，使我国劳动密集型产品出口进一步发展，在国民经济发展中发挥更大的作用。

二、我国经济发展仍未超越劳动密集型阶段

在目前转变经济发展方式的讨论中，一种比较流行的观点认为，转变经济发展方式就是由劳动密集型经济转变为资本密集型和技术密集型经济。为此，在外贸政策上，在鼓励资本密集型和技术密集型产品出口的同时，必须采取措施抑制低附加值和低技术含量的劳动密集型产品出口。

我们认为转变经济发展方式、变粗放型增长为集约型增长，是我国新的历史经济发展的一项重大战略方针，是我国经济实现长期持续发展的根本保证。但转变经济发展方式不等于放弃劳动密集型经济发展，在今后相当长的

时期内我国经济发展还要依赖劳动密集型产业发展，劳动密集型产品出口仍需大力发展。主要理由如下。

（一）把集约增长视为单纯依靠集约使用劳动是片面的

这里的生产要素，除了劳动之外，它还包括资本、土地（自然资源）和技术等。如果单单实现了劳动要素的效率最大化，而同时存在着一种或多种其他生产要素的浪费和低效，那么，总产出就不是最大的，效益也不可能是最佳的。

（二）我国劳动密集型产业发展将持续较长时期

从历史上看，美国以轻工纺织等劳动密集型产业为主导的工业化阶段持续了 110 年，日本 80 年，我国台湾省 40 年。

20 世纪 80 年代主要发达国家农业劳动力在全社会劳动力中就已降到很小的比重，如美国、英国各为 2％，加拿大 5％，丹麦 7％，法国 8％，意大利 11％，日本 12％。我国这一比重虽然从 1978 年的 70.5％下降到 2008 年的 39.6％，但仍然明显高于发达国家平均水平。据国家统计局农民工统计监测调查，截至 2008 年 12 月 31 日，全国农民工总量为 2.25 亿人，其中本乡镇以外就业的外出农民工数量为 1.4 亿人。2013 年，全国农民工总量为 2.69 亿人，其中外出农民工为 1.66 亿人。今后随着我国农业劳动生产率的提高，城镇化率的不断提升，还将有大批农业劳动力从农业领域转移出来。农业劳动力向非农产业转移的长期过程决定了我国劳动密集型产业发展的长期性。

（三）我国国情决定不能忽视劳动密集型产业的发展

一国实行什么样的产业结构和技术进步方式，是由其国情决定的。转变经济发展方式，实行新的产业结构和技术结构也必须遵循而不能背离国情。我国的基本国情是人口众多、劳动力丰富，而资本稀缺、人均资源拥有量少。这一国情决定了我国必须大力发展劳动密集型经济，密集使用劳动力资源，同时节约资本和自然资源。当然，发展劳动密集型的经济不是不要技术进步，而是要求技术进步必须有利于充分利用劳动而节约资本和自然资源，以最大限度地提高各种资源的使用效率。

（四）劳动密集型产品是我国的国际比较优势和竞争优势所在

当代国际市场竞争日趋激烈，一国若想在国际竞争中获胜，必须充分发挥自身的比较优势，以此为基础发展本国的出口产业和产品。劳动资源丰裕决定了我国必须大力发展劳动密集型产品的出口，这是我国对外贸易的基础。改革开放以来，我国劳动密集型产品的出口发展迅速，国际竞争力不断提高，在国际市场中的份额日益增大，为我国整个贸易和经济的发展做出了十分突出的贡献，取得的卓越成就有目共睹。

（五）劳动密集型产品出口为我国经济发展发挥了重要作用

出口是一国对外贸易的基础，只有出口持续增长，才能不断增加进口，才能不断引进国外先进技术和生产要素，以实现整个经济的持续发展和现代化。在我国目前的国际比较优势和竞争优势主要集中在劳动密集型产品的条件下，只有大力发展劳动密集型产品的出口，才能保证对外贸易的可持续发展，并为培植新的出口货源创造条件。否则，在新的具有国际比较优势的产品尚未产生或形成规模之前，如果忽视劳动密集型产品的出口，必然导致出口和整个对外贸易的严重滑坡甚至崩溃。

综上所述，我们认为，发展劳动密集型产业和产品出口是我国国情的客观要求，是我国经济发展不可逾越的阶段。我国农村剩余劳动力多，而资金、技术等要素相对稀缺，这是我国的基本国情。农村剩余劳动力对社会不仅不能产生效益，相反却参与社会收益的分配，这是造成农业劳动生产率低、农民收入难以增加的根本原因。从目前来看，我国的劳动成本仍然较低，不仅大大低于发达国家和新兴工业化国家或地区，而且与相同发展水平的国家相比，也是比较低的。我国劳动密集型产品的国际比较优势和竞争优势仍然是巨大的，远没有得到充分发挥。尤其是广大农村和内陆地区，劳动力成本依然很低廉，劳动密集型产品出口潜力还是巨大的。

三、当前仍应鼓励劳动密集型产品出口

一种流行的观点认为，为了促进出口结构优化和升级，在出口退税和加工贸易政策调整时，我们应在贸易政策上大力促进资本技术密集型产品出口，抑制劳动密集型产品出口。我们认为，这种观点理论上是错误的，实践上是有害的。主要理由如下。

（一）鼓励劳动密集型产品出口是由我国基本国情决定的

我国在要素禀赋中比较优势主要体现在劳动力要素供给方面，按照比较优势的定位我国大多数出口产业处于国际分工的低端生产环节。这些劳动密集型产业带来的产品附加值较低，国内又拥有丰富的剩余劳动力，因此，工资水平上升的压力较小，导致了劳动密集型产业扩张而阻碍了产业结构的升级换代。长期以来我国以静态的比较利益参与国际分工下的粗放型贸易增长方式。致使贸易条件不断恶化，出口产品的单位价值减少。有意识地把劳动力转移到技术相对高端的劳动密集型产品的出口上，提高我国劳动密集型产品出口的资本和技术含量非常必要。

然而，目前我国要素赋予的基本形态尚未改变、资本积累尚不足以推进根本的结构转变时，过度强调资本、技术密集型行业的发展，必将对外贸出口乃至整个社会资源的配置产生不利影响。因此，我们强调将我国劳动力资源从资本技术含量较低的劳动密集型产品出口，转移到资本技术比例相对较高的劳动密集型产品出口。并不是说在政府扶持下将我国的比较优势从劳动力转移到资本部门，我们绝不能放弃劳动密集型产业，高技术产业当然也要发展，但那不是我国现存的比较优势所在。具备比较优势的仍然是以低成本劳动力为基础的劳动密集型产业。而且，归根结底，高技术不是一个严格意义上的独立产业部门，一般来讲并没有超出制造业的范畴。发展高技术与发展劳动密集型产业并不矛盾。如果说发展高新技术产业是我们产业发展的血肉，那么劳动密集型产业则是产业发展的骨架，如果离开了劳动密集型产业这个骨架，则高新技术产业这一血肉就会无处附体。

（二）鼓励劳动密集型产品出口符合国家宏观调控目标

从宏观调控目标来看，主要有充分就业、价格稳定、经济增长和国际收支平衡四大目标。大力发展劳动密集型产品出口，不仅有利于促进就业，增加农民收入，促进国内消费和经济增长，对实现国际收支平衡也具有重要作用。从我国进出口结构看，资本和技术密集型产品主要以逆差为主，仅集成电路一个产品 2008 年贸易逆差超过 1000 亿美元；而劳动密集型产品则以顺差为主，轻工、纺织贸易顺差均在 1000 亿美元以上，这对于解决我国就业发挥了不可替代的作用。

（三）劳动密集型产业转型是一个长期的发展过程

从工业化进程来看，从劳动密集型产业为主向资金、技术密集型产业为主转变是一个长期的发展过程。这个过程演进有其客观的发展规律，劳动密集型产业的充分发展是资金、技术密集型产业发展的基础和前提，主要表现在：一是完成资金、技术密集型产业所需资金的原始积累；二是培养一批高质量的管理和技术人才。从韩国、我国台湾地区等劳动密集型产业发展轨迹充分验证了这点。

（四）正确评估贸易政策在产业升级中的作用

国家贸易政策和产业政策既相互配合，又存在很大的不同。产业政策目标是扶优限劣，促进产业升级。而贸易政策一方面通过反补贴、反倾销，保护国内产业；另一方面应在遵循国际惯例的基础上，按照世界贸易规则实行公平、公开和透明政策，为企业创造一个平等的体制政策环境。出口产品全额退税是国际贸易中通行规则，因此我们也不宜以出口退税率高低作为鼓励资金、技术密集型产品出口，或者抑制劳动密集型产品出口的工具。

（五）限制劳动密集型产品出口没有国际先例

从世界上大多数国家贸易政策看，其政策目标主要有四个：一是保护国内市场和产业；二是提高本国产品国际竞争力；三是开拓国际市场；四是促进国际经济合作。从出口限制看，除少数战略性和资源产品外，均不存在任何限制。

四、劳动密集型产品并不等同于低技术、低附加值、低效益的落后产品

从总体来看，我国劳动密集型产品出口的质量和水平还比较低，出口增长在很大程度上仍然是数量扩张。主要表现在：

（1）出口产品大量为贴牌生产，自主品牌产品出口较少。据有关部门统计，我国出口企业中拥有自主品牌的不到20%，自主品牌出口占全国出口总额的比重低于10%。由于缺乏自主品牌，90%以上的利润被外国品牌商拿走。

（2）出口产品层次较低。我国劳动密集型产品出口主要集中在轻工、纺织等传统劳动密集型产品和制造环节，以及机电产品和高新技术产品的中低端加工装配环节，国内增值率不高。以2008年为例，当年我国出口107.8亿双袜子，平均每双袜子的价格仅有0.37美元；出口81.2亿双鞋，平均每双鞋的价格不到3.5美元；出口5659万辆自行车，平均每辆的价格不到45美元；出口5.5亿只手表，平均每只的价格不到2.3美元。我国虽然是DVD出口大国，但是每出口一台DVD仅售39美元，却要向国外公司支付19.7美元的专利使用费，占成本70%的机芯等部件均依赖进口。

但无论从理论还是从实践看，把劳动密集型产品全部归结为低技术、低附加值、低效益的落后产品是不对的，这是因为：

（1）我们可以用现代高新技术改造或装配传统的劳动密集型产业，使这些劳动密集型产品获得持续生命力和市场竞争力。

一些新兴的劳动密集型行业，如计算机软件设计等研发型和知识密集型行业，本来就蕴藏着丰富的技术和创新因素。劳动密集型产品，不注定是技术落后，劳动密集型产品也要注重发展技术，我们要正确认识和处理发展劳动密集型产业和技术进步、产业升级的关系。劳动密集型制造业中也有高新技术，正是因为采用高新技术改造劳动密集型制造业，劳动密集型制造业才

具有生命力乃至竞争力。

IT 全球外包大厂富士康集团，主要生产计算机、网络通信、消费电子等高科技关键零组件与系统产品。2009 年全球营收仍超过 522 亿美元，连续 5 年蝉联全台最大企业，全球设有近 30 个生产基地，全球员工人数最高时逼近 68 万人，仅深圳龙华厂就有 26 万工人，做的是 PC、手机等高科技产品里面的核心部件——通信连接器，还有液晶面板、电脑主板，不能说没有技术含量，但它主要靠大量人工操作，进行大量电子半成品、成品加工装配，仍可以看作是劳动密集型产业。

再如宁波文具的龙头企业，拥有制笔行业唯一的省级企业工程技术中心的贝发公司，还被国家授予"贝发中国制笔城"称号。虽生产的是劳动密集型的笔类产品，但是企业敢于进行技术升级，投资建造了世界最大的单体制笔生产厂房，每年用于新技术、新产品开发的经费始终保持在年销售额的 5% 以上，目前该公司已拥有 370 多项专利，并获得了美国 STAPLES 公司颁发的产品创新奖。1999 年贝发公司在浙江制笔行业中首家通过 ISO9002 质量体系认证，并通过 DNV 认证。正是由于技术的提升，贝发公司生产的笔的质量得到国外一流品牌的认可，也成功地进入欧美大型零售市场，比如 Wal-Mart、Target 等，贝发公司制笔的年出口额 2005 年达上亿美元。比较优势是国际贸易的基本原理，但随着要素的积累，比较优势会发生变化。因此不能把发挥劳动力的比较优势同技术进步对立起来，在发展劳动密集型产品中也要注重发展技术。

（2）劳动密集型产品不宜以先进和落后简单划分，关键要看是否能充分有效地利用我国生产要素和资源。

对于符合我国国情、具有较强的就业吸纳能力、又不造成污染的企业和产品，永远都是先进而不是落后的。劳动密集型与资本技术密集型是相对而言的，区别只在于不同的产业模式各种生产要素占的比重的大小不同。就劳动密集型产业与资本技术密集型产业的比较来说，前者的技术含量低于后者，并不意味着劳动密集型产业就是技术落后产业。劳动密集型产业总是包含着一定的技术因素的，随着时间的推移，其中的技术含量会不断发生变化。如果说历史上的劳动密集型产业内含的技术因素很少的话，那么，由于现代技术如信息技术、生物技术、新材料技术等向各个产业的渗透，劳动密集型产业的技术含量已经大大提高。我国作为发展中国家，在国际市场上真正有竞争力的产品，正是那些有一定技术含量的劳动密集型产品。因为通过技术创新包括从国外引进后消化、吸收的技术与我国的劳动力相结合，所生产出来的产品，既有较高的技术含量，又有较低的生产成本。这也是我们所讲的比较优势的含义。

随着劳动者知识水平和技术素质的提高，我国劳动密集型产业链延伸迅速，配套供给能力大大提高，近年来我国劳动密集型产品的加工水平不断提高，技术含量和附加值也在不断提高，自主品牌、自主知识产权产品出口也不断增多，我国劳动密集型产品出口是大有潜力和希望的。

第二节　出口发展阶段分析

从我国劳动密集型产品出口发展阶段来看，大致可分以下四个阶段。

一、以农产品及其加工品等初级产品为主的阶段（新中国成立以来至 1978 年）

这一阶段，农产品及其加工品出口额占出口总额的比重从 1952 年的 82.1％逐步下降到 1978 年的 62.6％。（见表 7-1、表 7-2）

表 7-1　农产品及其加工品出口额占出口总额的比重

年份	比重（％）	年份	比重（％）
1952	82.1	1975	60.7
1957	71.6	1976	61.1
1962	65.3	1977	61.5
1965	69.1	1978	62.6
1970	74.4		

资料来源：《农村经济资料手册》（1949—1990）

表 7-2 农副产品及其加工品出口金额（按构成划分）

单位：亿美元

年份	出口总额	农副产品	农副产品加工品	工矿产品
1957	15.97	6.40	5.03	4.54
1962	14.90	2.89	6.84	5.17
1965	22.28	7.37	8.02	6.89
1970	22.60	8.29	8.52	5.79
1975	72.64	21.50	22.61	28.53
1976	68.55	19.46	22.41	26.68
1977	75.90	20.96	25.74	29.20
1978	97.45	26.91	34.14	36.40

资料来源：《农村经济资料手册》（1949—1990）

二、以轻工纺织等劳动密集型产品为主阶段（1978 年至 1992 年）

这一阶段，我国农副产品及其加工品在出口总额中的比重继续下降，机电产品比重快速上升，但轻工纺织产品在整个出口中占主要地位。据《中国工业年鉴》（1993）资料，1992 年我国纺织产品出口 246.3 亿美元，占出口总额的 29%；轻工产品出口总额 260 亿美元（包括来料加工），占出口总额的 30.6%。轻工纺织产品出口合计占出口总额的 60%。（见表 7-3、表 7-4）

表 7-3 1979—1988 年农副产品及其加工品出口额占出口总额的比重

年份	比重（%）	年份	比重（%）
1979	56.0	1984	44.4
1980	48.2	1985	44.4
1981	43.7	1986	50.6
1982	39.5	1987	47.1
1983	42.6	1988	47.1

资料来源：《农村经济资料手册》（1949—1990）

表 7-4 1985—1992 年机电产品出口占出口总额的比重

年份	比重（%）	年份	比重（%）
1985	6.14	1989	15.84
1986	8.01	1990	17.86
1987	9.79	1991	19.46
1988	13	1992	23

三、以机电产品劳动密集型区段为主阶段（1993 年至现在）

20 世纪 90 年代以来特别是邓小平同志南方谈话以后，利用世界经济结构调整的机会，国家开始在战略上发展外向型经济，在沿海将近两亿人口的地区，充分加快沿海经济发展，我国改革开放步伐进一步加快。外资企业利用我国人力资源丰富的优势，在沿海地区大力发展劳动密集型产业。这一阶段的特点：

一是我国积极参与国际大循环，通过发展劳动密集型或者劳动密集和知识密集相结合的产品出口，一方面解决农村剩余劳动力的出路，另一方面在国际市场换取外汇，并获得国外先进的管理经验和技术。

二是通过来料加工和进料加工，大力发展加工贸易。即从国际上进口设备、原料、材料，引进资金，在国内加工生产，然后销售到国际市场去，两头在外，大进大出。

三是发达国家和地区将机电产品的劳动密集型区段转移到我国。随着经济全球化的发展，主要发达国家进入"后工业化时代"，促使劳动密集型制造业或生产环节向发展中国家转移，发达国家制造业占世界制造业的比重下降。2007 年，美国、欧元区、日本制造业占世界制造业的比重分别为 19.4％、21.6％、10.2％，分别比 2004 年下降 2.9 个百分点、1.2 个百分点、1.7 个百分点。作为制造业转移主要承接地的东亚和太平洋地区 2007 年制造业比重为 20.5％，比 2004 年上升 6.8 个百分点。其中，中国制造业占世界的比重提高了 3.8 个百分点。

据统计，1995 年我国机电产品出口 438.6 亿美元，超过纺织品成为最大的出口商品类别。同时，机电产品占出口总额的比重持续上升，并保持在 50％以上。目前出口增长较快的机电产品一般都是劳动密集型产品，如电视机、电风扇、电话机、手表、照相机、一般机械、集装箱、船舶等。随着国际产业结构的调整和我国技术水平的提高，这部分机电产品的出口潜力巨大。2006 年我国机电产品出口超过日本，上升到世界第 3 位，仅次于德国和美国，2008 年年底，我国成为世界第二大机电产品出口国，仅次于德国。2009 年我国机电产品出口额首次超越德国，居世界第 1 位。2013 年，我国机电产品出

口占总额的 57.3%。（见表 7-5）

表 7-5　1993—2013 年机电产品出口占出口总额的比重

年份	比重（%）	年份	比重（%）
1993	24.74	2004	54.5
1994	26.44	2005	56.0
1995	28.48	2006	56.7
1996	31.91	2007	57.6
1997	32.5	2008	57.5
1998	36.2	2009	59.4
1999	39.49	2010	59.1
2000	42.3	2011	57.2
2001	44.6	2012	57.6
2002	48.2	2013	57.3
2003	51.9		

四、从劳动密集型逐步向技术、资本密集型过渡阶段(今后 15～20 年)

随着我国工业进程的不断发展，劳动力成本不断提高，汇率水平的不断提升，再加上从资金短缺转向资金过剩，这一阶段我国劳动密集型产业发展将呈现以下特点：东部沿海地区相应地进行产品调整，转向更多知识密集、技术密集、资金密集的产品；而中低端劳动密集型产品的生产，则逐步转向劳动资源多而费用低的地区，如向中西部或者劳动成本较低的其他国家转移。

第三节　劳动密集型产品出口机遇和挑战并存

一、我国劳动密集型产品出口面临的机遇

（一）我国劳动力资源优势明显

我国拥有占世界 1/5 的人口，是全世界人力资源最丰富的国家。根据 2000 年和 2004 年全国人口普查资料，我国 15～64 岁劳动力人口均超过 9 亿人，占总人口的比重分别达到 70.15% 和 70.92%。从国际比较来看，这种优

势更为明显。根据联合国开发计划署人类发展报告（2002）中有关数据，2000 年中国劳动力总规模为 8.71 亿人，约占世界劳动力总量的 22.8%，相当于高收入国家的 1.48 倍。专家预测，到 2015 年中国劳动力总量将达到 10 亿人，约占世界劳动力总量的 21.2%，比世界第二人口大国印度始终高出 4～5 个百分点。我国劳动适龄人口占总人口的比重，2000 年达到 68.3%，比世界平均水平高出 5 个百分点，2004 年进一步达到 70.92%，仅次于韩国（72%）和新加坡（71%），始终处于较高水平，相对优势突出。据人口专家预测，我国的人口峰值将出现在 2050 年，因此在未来的 40～50 年内我国劳动力资源丰富的基本国情不会有根本性的改变。

（二）劳动力素质快速提高

与发达国家相比我国劳动力资源整体素质还有很大差距，但改革开放以来特别是近年来，我国劳动力素质快速提高，主要表现如下：

——文盲人口持续大规模减少。1979—2000 年，我国 15 岁以上文盲从 2.3 亿人下降到 0.87 亿人，减少了 62%。2000 年我国成人识字率达到 91%，比世界平均水平 75.8% 高出 15 个百分点。

——受教育程度明显提高。1990—2007 年我国初中入学率从 40.6% 提高到 79.3%，高中入学率从 27.3% 提高到 71.8%。高校毕业生从 1978 年的 16.5 万人增加到 2010 年的 447.8 万人。（见表 7-6）

表 7-6　1990—2010 年中国教育发展状况

年份	1990	2000	2010
每 10 万人大专及以上学历人数（人）	1422	3611	8930
文盲率（%）	15.88	6.72	4.08
平均预期寿命（岁）	68.55	71.4	74.83

数据来源：中国改革年鉴（2010）

（三）我国劳动力价格优势较长时间内仍将继续存在

从劳动力成本国际比较看，根据国际劳工组织公布的各国制造业雇员工资水平，我国制造业雇员劳动成本仍处于较低水平。制造业雇员劳动成本水平高的国家主要是一些传统的发达国家，如美国、日本、德国、英国等，雇员小时劳动成本一般都在 30 美元以上。劳动成本水平处于较高位置的主要是一些新兴的发达国家，包括韩国、新加坡等，小时劳动成本水平 15～20 美元左右。而劳动成本水平处于较低水平的主要是一些发展中国家，如巴西、墨西哥、泰国等，小时劳动成本水平一般在 5 美元左右。总的来说，劳动成本水平是同各国的经济发展水平相一致的。我国制造业雇员劳动成本水平处于较低位置，仅高于印度、巴基斯坦和越南。较之于发达国家，我国目前的制造业雇员劳动成本水平大约是英国的 6.6%、德国的 4.3%、法国的 4.8%、意大利的 8.1%、美国的 6.4%。较之于新兴国家，我国雇员劳动成本水平大约是韩国的 10.3%、新加坡的 14.7%。较之于发展中国家，我国雇员劳动成本水平大约是泰国的 48.1%、巴西的 49.5%、墨西哥的 37%。

据日本通商白皮书数据，目前亚洲国家和地区平均劳动力成本在产品中所占的比例为 4%，其中中国为 3.5%。从总体看，我国劳动力成本在亚洲尚处于较低的位置，不仅大大低于发达国家日本以及韩国、新加坡等亚洲新兴国家和地区，也低于整个亚洲的平均水平。国内有关专家认为，未来 15～20 年内我国劳动力价格优势不会消失。（见表 7-7）

表 7-7　2010 年全球制造业工资水平

国家	金额（美元/小时）	经济体发展水平
丹麦	35	发达经济体
美国	23	发达经济体
希腊	13	发达经济体
巴西	5.5	发展中国家
菲律宾	1.45	发展中国家
中国	1.9	发展中国家
印度	1.4	发展中国家

数据来源：国际劳工组织世界工资报告（2012/2013）

（四）我国劳动生产率提高还有很大潜力

我国劳动生产率仍处于较低水平。第二产业劳动生产率位于较高水平的主要是一些发达国家，包括美国、英国、日本、德国、法国、意大利等，一般在 8 万～14 万美元之间。其次是一些新兴国家和发展中国家，如韩国、墨西哥、马来西亚等，一般在 3 万～5 万美元左右。相对于发达国家，我国第二产业劳动生产率大约是美国的 14.8％、日本的 16.9％、德国的 20％。相对于新兴国家，我国的劳动生产率大约是新加坡的 23.5％、韩的 42％。相对于发展中国家，我国的劳动生产率大约是巴西的 67.9％、墨西哥的 76.3％、马来西亚的 67.1％。我国劳动生产率不仅远远低于发达国家，在发展中国家也处于较低水平，这说明我国劳动力价格有时还远没有发挥出来，提高劳动生产率还有很大潜力。

（五）我国劳动密集型产业发展在产业配套、市场、投资方面具有很大优势

改革开放初期，国内加工企业生产配套能力差，外商投资企业在我国境内从事加工贸易，主要采取两头在外的方式，有些料件完全依赖进口。随着我国经济持续快速发展，我国制造业的产业链延伸迅速，配套供给能力大大提高且质优价廉。在国内市场需求迅速增长，直接使用国产料件渠道不十分通畅的环境下，通过国货复进口方式使用国产料件成为企业的一种必然选择。

相对于其他国家，我国具有巨大的潜在市场空间和消费能力，据韩国全球经济研究院在中国的韩国企业家调查，33％的企业家投资中国是为了获得廉价劳动力，而 52％的企业家投资中国是为了获得市场。同时，我国劳动密集型产业集群效应非常明显，在珠三角、长三角、环渤海、海峡西岸等地区，通过专业化的细分，已经形成了较大规模的产业链，不仅功能齐全，而且配套能力强，对外资的吸引力大。虽然越南、印度等国也以廉价劳动力优势吸引外资，但在很多方面并不能替代我国在国际经济格局中的地位和作用。

（六）我国逐步成为世界制造业中心，国外对我国出口产品依存度高

我国良好的投资环境和工业配套能力以及低廉的劳动力，吸引大量外资流入，加速全球制造业向中国转移。近几年我国已成为流入外资最多的国家，已经成为世界制造业的中心。现在中国生产的 DVD 占世界产量的 90％，笔记本电脑占 80％，数码相机占 80％，玩具占 70％，影印机占 67％，自行车占

60%，鞋占 50%，空调机占 50%，手提电话占 50%，微波炉占 50%，个人电脑占 40%，电视机占 33%，电冰箱占 20%。一些重要的工业原材料，钢材占 28%，电解铝占 26%，纺织业消耗的各种纤维占 40%。生产能力大幅度增加而国内市场容量有限，需要把产品销售到国际市场。目前我国逾 50 种机电产品占世界市场份额 80% 以上，轻工产品占 60%～70%，纺织产品占 30%。由于需求弹性小，国际采购商短期内无替代选择，人民币升值和政策调整增加的部分成本可以转嫁出去。

（七）物流效率明显高于周边国家

据美国采购商反映，尽管中国制造厂商的商品价格不断上涨，竞争力有所下降，但是中国厂商的物流效率明显高于周边国家。如中国制造的商品从工厂到美国的零售店货架通常只需要 20～25 天，而柬埔寨需要 30 天，孟加拉国则需要 40～45 天。

二、我国劳动密集型产品出口面临的挑战

在认识到劳动密集型产品出口仍需大力发展的同时，我们也应该清醒地看到，随着经济的快速发展和人民生活水平的不断提高，土地、劳动力、水资源等要素价格水平不断上升，我国参与国际竞争的比较优势将会有所削弱，劳动密集型产品出口面临重大的挑战，主要表现如下。

（一）劳动力成本不断上升将威胁劳动密集型产业的生存

经济的高速增长必然带来劳动力成本的上升，这是一个不可避免的规律。虽然劳动力成本只是企业竞争力的一个因素，但却是企业成本构成中一个非常重要的因素。以韩国为例，1975 年韩国的劳动力成本大约是美国的 5%，随后以每年 13% 的速度攀升，到 2005 年其劳动力成本已提高到同期美国的 50%，在这一过程中，韩国的轻工纺织等劳动密集型产业逐步转移到其他国家。

但是从工资增长的速度看，我国明显快于其他国家，1978—2007 年职工平均工资年均增长 13.6%，特别是 2004 年以来增幅均在 14% 以上。值得注

意的是，近几年我国工资水平已经明显高于印度、巴基斯坦、越南、印度尼西亚、菲律宾等国家，分别是印度的 2.7 倍，巴基斯坦的 1.6 倍。国内部分发达地区如上海及周边地区小时劳动力成本达到 23.7 元人民币，已经超过了马来西亚的水平。我国劳动密集型产品劳动力成本一般占总成本的 60％以上，由于人力成本越来越高，在珠三角、长三角地区，制鞋、制衣、家具等传统制造业相当大部分开始从东莞、昆山等地转移到用工更便宜的地区，如中西部地区、东南亚、南亚等国家。

（二）人民币汇率长期升值趋势的负面影响

改革开放以来，我国劳动密集型产品出口的快速发展，在很大程度上得益于我国汇率的不断贬值和相对稳定。1985—1994 年，人民币兑美元汇率年平均价从 293.66 元提高到 861.87 元，贬值 193.5％，年均贬值 12.8％。1994年汇率并轨后，我国汇率水平长期保持稳定，1995—2004 年，人民币兑美元汇率基本稳定在 827 元左右。但从 2005 年汇率改革开始，人民币呈现相反的走势，汇改以来，人民币升值已持续多年。

面对人民币的升值压力，出口企业一方面通过加强管理压缩成本、处心积虑地营造品牌；另一方面最大限度地与海外客户讨价还价。以纺织企业为例，2006 年、2007 年，中国纺织产品出口价格提升幅度分别为 7.37％和7.26％，同期人民币升值幅度分别为 3.35％和 6.85％，纺织行业依靠出口提价消化了当年的人民币升值损失，2008 年纺织服装综合提价约为 7.18％，而当年人民币升值幅度达到 8.7％。由于人民币升值过快，再加上其他成本上升因素，使包括纺织、电子、家具、轻工等劳动密集型行业陷入困境，他们或者利润趋近于零，或者已经开始亏损。专家认为，目前汇率水平已经使规模较小的劳动密集型企业处于生存极限；如果达到汇率进一步上升到 1∶6.5元，将对很多劳动密集型企业造成致命的打击。这是因为，目前劳动密集型产品成本中 40％～60％为劳动力成本，而出口产品的利润率仅为 3％左右。据有关进出口商会反映，人民币每升值 1％，我国企业出口销售利润率将下降4％～6％。有关专家研究表明，如果人民币实际汇率升值 10％，中国出口将下降 7％，若汇率升值幅度为 20％，则中国出口将下降 10.5％。

（三）我国劳动密集型产品出口增长的粗放性

我国劳动密集型产品不仅缺少品牌营销，而且各种产品之间的档次差别、质量差别也没有拉开，加之企业之间的可替代性强，造成我国企业对市场价格的掌控能力非常弱，只能通过争相压低价格在竞争中取代对手。这种情况造成我国劳动密集型出口增长主要依赖价格和数量推动，产品的加工程度低，附加值小，产品质量不高，尤其是缺乏能在国际上叫得响的名牌商品。以纺织品、服装为例，目前我国纺织品出口货物量居世界第1位，但出口金额却排在世界第4位、第5位。近年来我国每年出口服装件数达50亿件套左右，但平均出口服装的价格不到法国出口服装的1/10。

（四）劳动密集型产品出口结构不合理

——从出口规模来看，出口企业普遍规模偏小。不能形成规模经济效益和内部化优势，并削弱在国际市场上的竞争力。

——从出口产品结构看，我国主要是出口一些纺织品、中低档服装、家具、鞋类、陶瓷制品等。而亚洲一些新兴的出口国家如印度、巴基斯坦、越南等国，其出口产品结构也同样是劳动密集型产品。由于我国的出口产品与上述国家的出口产品存在着严重的同构性，使我国出口产品劳动成本方面的竞争优势减弱，在国际市场上的竞争力日显萎缩。特别是在美国、日本和欧盟的市场上，受东盟、印度等国的不断挤占，以及巴西等美洲国家产品的激烈竞争，致使许多产品在美国与日本等地市场的占有份额已开始下滑。如我国在美国市场上的鞋类、玩具、服装等产品的占有率正逐年下降。

——从出口产品市场看，我国产品对美国、港澳、日本及欧洲出口比率占70%以上，而对亚洲各国和其他地区出口较少。近年来，美国、日本及欧洲国家由于经济增长放慢，致使国际市场需求疲软，再加上近年来的贸易保护主义有所抬头，我国劳动密集型产品出口环境更趋恶化。

（五）在国际市场上面临反倾销的困境

近年来北美、欧盟、亚洲、拉丁美洲和南非等地区不断对我国劳动密集型的出口设置技术（绿色）壁垒，实施反倾销手段来限制我国劳动密集型产品出口。此外 SA8000 标准已被国际社会广泛接受。这一标准是全球第一个可用于第三方认证的社会责任管理体系标准，它规定企业在赚取利润的同时，必须主动承担对环境、社会和利益相关者的责任，其内容包括环境保护、公益事业、健康安全等。尽管该标准的出发点是好的，但它却很容易成为限制发展中国家劳动密集型产品出口的工具。据悉，我国出口到欧美国家的服装、玩具、鞋类等产品，均受到 SA8000 的约束。

（六）能源原材料等成本上涨过快

近些年来我国东部珠江三角洲、长江三角洲的许多城市和地区水、电、煤、土地及劳动力成本在快速上升，"民工荒"、"能源荒"以及许多上游原材料价格飞涨成为东部地区经济挥之不去的阴影。东部沿海地区经过 20 多年改革开放与经济高速发展，劳动力、土地、能源与原材料等要素成本有了较大幅度的上升，多数产业尤其是劳动密集型产业的边际收益下降，产业生存发展的压力日益增大，不得不向相对不发达的中西部地区转移，因此要素成本大幅提升成为东部劳动密集型产业向内陆中西部地区转移的主要动力。

（七）劳动密集型产业发展的金融环境亟待改善

——企业发展流动资金不足，但贷款满足率达不到 20%。一些企业不得不向民间借贷，而民间借贷的高利率，又增加了企业的负担。

——从金融机构方面看，由于风险控制难、操作成本高、激励机制缺位和专业队伍缺乏等因素，再加上现有商业银行风险防范机制和责任追究机制要求过高过严，宁愿牺牲市场，也绝不能出现风险，造成银行过分注重大企业、大客户的发展战略，严重影响了向中小企业放贷的积极性，弱化了对中小企业的信贷服务。

——金融市场开放和金融工具创新相对滞后于企业发展需求，票据市场、应收账款融资、保理以及融资租赁等主要面向中小企业客户的融资服务还不够发达。

——从融资服务体系方面看，担保体系也不很完善，服务滞后，不能满足企业贷款担保需求。

（八）部分劳动密集型企业管理存在很多问题

——生产设备落后。据有关调查，目前珠江三角洲中小企业设备的技术水平，处于国际先进水平的不到1％，处于国内先进水平的为41％，处于国内中等水平的为47％，处于国内落后水平的为11％。

——财务管理不规范。很多企业普遍存在"以单代账"、"账外经营"、"现金结账"的现象，信息不透明，银行难以全面掌握企业财务的真实情况，从而影响银行的贷款决策。

——劳动密集型企业资产规模小，资金能力弱，发展前景不确定，市场淘汰率高于其他企业，银行从资金的效益和安全性出发，放贷极为谨慎。

——历史上曾出现的中小企业多头开户、无效担保以及不按期还贷等现象，特别是国企改制中的承债式改制企业，仍存在未清偿或未落实原有银行的债务，甚至恶意逃废债务，在企业和金融机构之间产生了信用危机。

——中小企业与金融机构缺乏沟通，不了解银行一些新的融资产品和融资渠道，也不能很好地研究并有效地利用国家财税、金融、产业、贸易等优惠政策为自身服务等。

第四节　优化出口结构政策建议

从总体上看，我国劳动密集型产业在较长时间内仍具有比较优势和国际竞争力。考虑到加工贸易占对外贸易半壁江山，再加上传统劳动密集型的轻工纺织产品，我国劳动密集型产品出口占出口总额60％左右，其中仅轻工纺织就涉及5000多万人就业。国际经验表明，凡是人口众多、土地和资本稀缺的国家和地区，其产业结构都要经历由资源和劳动密集型向资本和技术密集型演进的过程。日本、韩国、新加坡、泰国、中国台湾、中国香港等国家和地区在工业化发展初期都是依靠劳动密集型产业起步和崛起的。我们应当借鉴周边国家的成功经验，立足于人口众多这一基本国情和比较优势，研究制定有针对性和可操作性的政策建议，大力发展劳动密集型产业，促进我国劳动密集型行业发展和转型升级。

一、研究制定中长期劳动密集型产品出口战略

国际分工是国际贸易的基础，随着信息技术的广泛应用，国际分工逐渐从初级产品和工业制成品之间的产业间水平分工，发展为同一产品内部不同工序的垂直分工。我国是产业内垂直分工的重要参与者和受益者。今后，我们要继续发挥比较优势，研究制定中长期劳动密集型产品出口战略，积极参与国际垂直分工，在未来的国际垂直分工和市场竞争中培育新的贸易增长点，促进我国外贸增长方式的转变和可持续发展。

（一）努力扩大劳动密集型农产品出口

我国人多地少，农业资源稀缺，土地、水资源人均占有量均低于世界平均水平。这一国情决定了我国农产品在国际竞争中，资源密集型产品如粮食、植物油将处于相对劣势，劳动密集型产品如蔬菜、水果、花卉以及水产品、畜产品则拥有较强的竞争力。从长期看，对我国具备比较优势的农产品，要通过不断改良品种，提高质量，按照国际质量标准进行生产、储存和运输，严格卫生检疫，努力提高劳动密集型农产品出口的国际市场份额。

（二）提升轻纺工业水平，扩大高端市场份额

受到资源环境的限制，我国轻工纺织产品依托数量扩张的粗放型外贸增长方式已经难以为继。随着劳动力成本优势的逐步弱化，我国轻工纺织企业面临的竞争压力越来越大，利润空间越来越小。为改变我国在国际分工中的不利地位，我们必须加大自主创新力度，着力打造自主品牌，提高技术含量和质量，逐步进入高增值的服务环节，将低增值的加工环节委托给其他国家的制造企业，扩大我国产品在国际高端市场份额，巩固和提高轻纺产品国际竞争力。

（三）大力发展劳动密集型的机电产品出口

劳动密集与先进技术在企业内的有机结合，是我国劳动密集型产业发展的最佳模式；大力发展技术含量多的劳动密集型产业以及高新技术产业中的

劳动密集型生产环节，是我国劳动密集型产业发展的方向。我们围绕 IT 和新型家电业等高科技产业的终端环节或外部配套环节，大力发展劳动密集型组装加工业。

（四）努力打造全球服务业外包基地

加快发展有利于扩大就业、提高劳动力素质的技术服务、软件开发、芯片设计、建筑设计、工程设计、医疗服务等服务外包项目；加强规划指导，审慎推进银行、证券、保险、电信、医疗、教育、商业、物流等重点服务业的对外开放。

二、进一步完善扶持劳动密集型产品出口政策支持体系

（一）引导劳动密集型产业健康发展

各级政府主管部门、行业组织和企业，在继续推进促进产业发展的进程中，要认真贯彻科学发展观，促进行业的产业升级、结构调整和可持续发展；按照国家投资体制改革的规定，认真执行《产业结构调整指导目录》、《外商投资产业指导目录》等产业政策，引导产业走集约化发展道路，防止产业盲目发展和低水平重复建设。

（二）稳定并完善出口退税政策

1985 年我国实行出口退税制度。自 1994 年税制改革以来，我国出口退税率的调整大致分为四个阶段：

——1994—1997 年，出口退税率逐步调低。为减轻财政负担，防止骗退税，1995 年和 1996 年进行了第一次退税政策调整，由出口产品零税率调整为3％、6％、9％三档退税率。

——1998—2003 年，出口退税率逐步调高。为应对亚洲金融危机，提高了部分出口产品退税率至 5％、13％、15％、17％四档。

——2004—2007 年，出口退税率降低。一方面由于人民币面临升值压力，另一方面由于财政拖欠退税款严重，为减轻财政负担，2004 年降低了部分出

口产品退税率至 5％、8％、11％、13％和 17％五档；2005 年分期分批调低和取消了部分"高耗能、高污染、资源性"产品的出口退税率，调低了纺织品等容易引起贸易摩擦的出口退税率；2007 年 7 月 1 日再次调整 2831 种商品出口退税，部分出口产品退税率至 5％、9％、11％、13％和 17％五档。

——2008 年以来，为缓解国际金融危机影响，先后 7 次提高高新技术含量和劳动密集型产品出口退税率，取消或降低了部分粮食和工业品的出口暂定关税，调整化肥及其原料的出口关税，上调部分商品退税率。

从企业来看，出口退税率的频繁变动，使出口企业无法对生产经营进行长期、科学的规划，而且影响了税法的严肃性，在国内、国际均造成了不好的影响。目前来看，我国劳动密集型产品已经基本实现了零税率出口。我们建议，为了促进我国劳动密集型产品出口的稳定增长，促进就业，缓解企业困难，要保持政策的稳定和连续性，按照"零税负"的原则，及时上调部分产品的出口退税率，尤其是劳动密集型产品的出口退税率，如纺织服装产品，适度对冲劳动力成本上升和原材料涨价的影响，防止出口过快下降。

（三）进一步完善劳动密集型产品加工贸易政策

全面清理《加工贸易限制类商品目录》，对其中涉及劳动密集型产品全部取消，进一步完善劳动密集型产品加工贸易的台账保证金制度。稳步推进劳动密集型产品加工贸易转型升级，着重提高加工贸易产业层次和加工深度，推动加工贸易延长产业链，提高附加值。积极发展境外加工，鼓励国内能力相对过剩、贸易摩擦较多行业转移部分生产能力。规范加工贸易管理，完善海关特殊监管区域功能和政策，引导先进制造业和生产型现代服务业入区。

（四）加强对人民币升值的应对政策研究

从日本经验看，1971 年以后，日元被重新估值，1 美元兑换 308 日元，而在 1995 年前后，日元曾一度升至到 1 美元兑换 80 日元的水平。如此巨幅的升值压力日本企业主要是通过提价和求助银行。在所有的解决方案中，50％～60％是提高以美元计价的销售价格，20％～30％是主动利用包括远期结售汇、外汇期权等在内的各种金融产品规避汇率风险。在当前部分外币主动贬值造成人民币相对升值情况下，有关部门要研究完善防范汇率风险的金融支持体系，增加规避汇率风险的金融衍生工具品种，健全出口信用保险机制，拓宽企业避险金融渠道，增强企业防范国际市场风险的能力。同时针对目前贸易风险、汇率风险不断加大的情况，加强监测分析，适时公开发布有关风险提示，减少企业出口风险和损失。

（五）加强对劳动密集型产业的资金支持

研究建立"就业补贴"和"劳动密集型新产品开发补贴"的制度，给劳动力就业多的企业以补助和新产品研发资金扶持。要解决劳动密集型企业融资担保难的问题，确立贷款的主渠道，建立适合劳动密集型企业特点的贷款条件和审批程序。要适度放宽劳动密集型企业进入证券市场的准入条件。

三、支持劳动密集型产业升级，加快提升核心竞争力

（一）努力创造新的经济增长点和新的竞争优势

劳动密集型行业要加强产业链的优化整合力度，积极推进产学研结合，大力推进技术进步和产业升级，淘汰落后设备，积极推广使用国内外先进设备，不断提升产品自主设计水平，优化产品结构，开拓消费领域，加快复合型、差别化、功能化新产品的开发，加大、加快自主品牌建设，提高自有品牌出口比重，全面提高产业科技含量、资源利用效率、环境质量和劳动生产率。

（二）加快提升劳动密集型产业的整体核心竞争力

劳动力资源丰富的优势不会直接成为国际贸易的优势。从国际经验看，人力资本含量较低的劳动密集型产品，并不具有竞争优势，只有具备较高人力资本含量的劳动密集型产品才有更强的竞争力。许多国家的劳动密集型产品成本低不仅是因为其劳动工资低，还在于其对劳动过程具有较高的管理和组织水平，由此决定了更高的劳动生产率和更优的产品质量。反过来说，工资成本低而管理水平差的劳动密集型产品也不具有竞争优势。因此，为了使

我国劳动力资源比较优势转为竞争优势，必须加大对劳动密集型产业人力资本投入和技术投入，提高其技术密集度，使其由简单劳动密集型转变为智力劳动密集型。

四、主要政策措施

——适当调整出口退税结构，进一步完善出口退税制度。按照国家产业政策，支持具有自主知识产权、自主品牌和高附加值产品出口，抑制低效益、低附加值产品出口。

——继续严格控制"两高一资"产品出口。通过产业政策、税收政策、信贷政策和贸易政策，逐步停止高耗能、高污染和资源性行业的加工贸易，取消和降低出口退税，减少高耗能、高污染产品出口，继续削减部分资源性产品出口数量。

——建立健全重要商品出口预警机制。加强对主要市场的出口价格、质量、数量的动态监测，评估其对进口国相关产业的影响，引导出口企业合理调节出口增长节奏，避免在某一市场集中过快增长。

——构建质量效益导向的外贸促进和调控体系。加强贸易促进服务，健全以财政、税收、金融、外汇、保险行业准入等手段为主的外贸调控体系，完善"大通关"制度和检验检疫制度。促进海关特殊监管区域、保税物流园区、保税港区等海关特殊监管区域的健康发展。

——鼓励具有竞争优势的大型成套装备出口。大型成套设备技术含量高、附加值高，是一国工业制造水平的代表。大型成套装备走向世界是促进我国从贸易大国向贸易强国转变的重要载体。进一步鼓励通信、铁路、电站等大型成套设备出口，加大对我国优势工业产品和高铁、核电等技术含量高的大型成套设备出口的支持力度，努力扩大军工产品出口，提高我国在高技术、高附加值产品行业的国际竞争力。

第八章　积极扩大进口

第一节　改革开放以来我国进口发展情况

一、进口规模变化概况

改革开放以来，我国进口规模变化大致分为以下三个阶段。

（一）双重汇率体制下的进口控制阶段（1978—1993 年）

我国进口总额从 100 亿美元增加到 1000 亿美元，用了 15 年时间。进口总额从 1978 年的 108.9 亿美元增加到 1993 年的 1039.6 亿美元，年平均增长16.2％。这一阶段，我国进口主要是引进国外的先进技术和设备，以及国内需要的粮食、原油等初级产品。由于大部分年份进口大于出口，贸易平衡以逆差为主。

这一阶段，人民币汇率实行由浮动的官方汇率和调剂市场汇率并存的双重汇率制，与此相适应，外汇分配实行计划分配和市场配置两个渠道，中央和地方政府外汇通过计划配置渠道实现，计划渠道外的企业用汇需要通过市场渠道实现。同期人民币兑美元官方汇率从 1978 年的 1 美元兑 1.684 元人民币上升到 1993 年的 5.7620 元人民币。调剂市场汇率一般要高于官方汇率 1 元人民币以上，最多相差约 4 元人民币。

由于外汇短缺，所有商品和设备进口均需要国家有关部门严格审批。商品进口方面，国家计委负责外汇额度和商品配额审批，外经贸部负责商品许可证管理，国家外汇管理局负责外汇审批。设备进口方面，国家计委负责项目审批，国务院机电设备进口审查办负责进口设备审查，国家外汇管理局负责外汇相关政策审批。

（二）单一汇率体制下进口限制阶段（1994—2000 年）

我国进口总额从 1000 亿美元增加到 2000 亿美元，用了 7 年时间。进口总额从 1994 年的 1156.1 亿美元增加到 2000 年的 2250.9 亿美元，年平均增长 10％。这一阶段，我国加工贸易得到较快发展，但受亚洲金融危机影响，进口和整个外贸发展速度明显偏低。部分工业制成品出口开始形成规模。

从 1994 年 1 月 1 日起，我国实行汇率并轨，取消人民币官方汇率，实行市场供求为基础的、单一的、有管理的浮动汇率制度。从 1994 年 4 月 1 日起，我国开始实行银行结汇、售汇制。一般贸易用汇，只要有进口合同和境外金融机构的支付通知，就可以到外汇指定银行购汇，对实行配额、许可证或登记制的贸易进口，只要持相应的合同和凭证，就可以办理购汇。同期人民币兑美元汇率从 1994 年的 1 美元兑 8.6187 元人民币调整到 8.2784 元人民币。

在进口政策上，由于外汇短缺矛盾继续存在，关系国计民生的重要商品和设备进口需要国家有关部门审批。在商品进口方面，国家计委、国家经贸委和外经贸部负责按照分工分别对重要商品配额和许可证管理。设备进口方面，国务院机电设备进出口审查办负责进口设备审查。

（三）按照 WTO 规则管理进口阶段（2001—现在）

我国进口总额从 2000 亿美元增加到 10000 亿美元以上，用了 6 年时间。2007 年，进口总额从 2435.5 亿美元增加到 2013 年的 11325.6 亿美元，年平均增长 29.2％。2013 年，进口总额高达 19502.9 亿美元。汇率方面，由于出口竞争力不断提高，人民币汇率逐步升值。

这一阶段，我国政府按照加入 WTO 的承诺，对国内进口政策进行了全面清理，建立了关税配额进口管理制度，企业外贸经营权由审批制改为登记制，对进出口企业和进出口业务按照国际惯例进行市场化管理。对机电产品进口，国家实行禁止进口、限制进口、自动进口许可三类管理。国家定期公布三类进口产品目录。

二、进口变化主要特点

(一) 从贸易方式看

一般贸易进口稳定发展的同时,加工贸易进口快速发展。1981—2008 年,我国一般贸易进口从 203.7 亿美元增加到 5720.9 亿美元,年均增长 13.1%;2013 年,一般贸易进口为 11097.2 亿美元,同比增长 8.5%;加工贸易进口从 15 亿美元增加到 3783.8 亿美元,年均增长 22.7%;2013 年,进料加工贸易 4094.5 亿美元,同比增长 3.2%,来料加工装配贸易 875.4 亿美元,同比增长 3.5%。

(二) 从进口商品结构看

能源原材料等初级产品与机械设备等工业制成品进口快速增长,在进口总额中占有很高的比重。1980—2008 年,矿物燃料、润滑油及有关原料进口从 2 亿美元增加到 1691.1 亿美元,年均增长 27.2%;非食用原料进口从 35.5 亿美元增加到 1672.1 亿美元,年均增长 14.7%;机械和运输设备进口从 51.2 亿美元增加到 4419.2 亿美元,年均增长 17.3%。1980 年矿物燃料、润滑油及有关原料,非食用原料,机械和运输设备在进口总额中比重分别为 1%、17.7% 和 25.6%,2008 年这三种商品占进口总额比重分别提高到 14.9%、14.7% 和 39%。2013 年,这三种商品占进口总额分别为 3149.1 亿美元、2861.4 亿美元和 7103.5 亿美元,分别占进口总额比重的 16.1%、14.7% 和 36.4%。

(三) 从进口管理市场化程度看

需要政府审批进口的比重越来越小,市场化程度越来越高。改革开放以前,我国进口贸易的基本格局是:进口贸易由少数几个国家级的国有专业外贸公司垄断经营,进口企业不能直接面向国际市场。改革开放以来,这种格局发生了根本性变化,对各类所有制企业的进出口经营资格全部实行登记制,政府行政性直接管理职能大大弱化。改革开放之初,我国大部分商品和设备进口均需要配额、许可证,即使不需要配额、许可证的商品进口也需要外汇部门用汇审批，几乎所有商品进口均由外贸公司垄断经营。从目前来看，除粮食、棉花、部分食用油、食糖、化肥等大宗商品实行关税配额管理，部分机电产品限制进口外，其他绝大多数商品进口均实行自动登记管理和自由进口。国家运用经济、法律等间接调控手段的力度大大增强，外贸管理正在向适应社会主义市场经济要求和符合国际经济通行规则的方向转变。

（四）进口关税税率不断降低

我国政府按照加入 WTO 的承诺，大幅度降低了进口关税总水平，进口关税总水平从 1991 年年底的 43％下降到 2001 年的 15.3％，到 2005 年进一步降到我国入世承诺的 10％左右，非关税壁垒也进行了大幅度削减。从 2008 年 1 月 1 日起我国进一步调整进出口关税，主要涉及最惠国税率、年度暂定税率、协定税率和特惠税率等方面。调整后，我国进口关税总水平为 9.8％，其中，农产品平均税率为 15.2％，工业品平均税率为 8.9％。经过这次调整，除个别商品还有几年的降税实施期外，我国已经基本完成了加入世贸组织承诺的降税义务。

第二节　进口对经济增长的作用

改革开放之初，进口贸易仅作为国民经济发展的补充手段，其作用主要体现为调剂余缺。改革开放 30 年来，我国进口贸易发展迅速，在国民经济和社会发展中的地位显著提高，作用不断增强，主要表现如下。

一、促进了国民经济的持续快速增长

1978—2008 年，我国国内生产总值年均增长 9.8％，同期进口年均增长 16.7％，我国累计进口 67636 亿美元，其中 50％以上为国内经济发展急需的能源、原材料和先进技术设备。金融危机之后，我国进口规模进一步扩大，2013 年进口总值为 19503 亿美元，同比增长 7.3％，对国民经济的持续快速增长发挥了重要作用。

二、促进了我国国民经济结构的调整与优化

面对科技、经济的全球化趋势，我国国民经济结构的调整和优化，不仅要立足于本国经济实际，而且要依托国际经济和国际市场，使调整和优化的方向符合国际分工发展的客观要求，以保持经济结构在国际上的相对先进性。我国进口贸易作为连接国内经济和国际经济的桥梁与纽带，不仅引进了国内经济发展急需的能源、原材料、先进技术设备和管理经验，创造了更多的就业机会，增加了国家税收，带动了国内产业升级发展，同时通过及时获取国际商品市场发展变化的最新信息，对国民经济结构调整发挥了积极、能动的导向作用，促进了我国产业结构的调整和优化。

三、增强了我国经济的国际竞争能力

通过进口和引进国外先进适用的技术和设备，为国内产品升级换代和产业结构升级提供保证，增强了我国产品和产业的国际竞争力。特别是在加工贸易进口过程中，外商不但带来加工原料、技术和资金，也带来了国外先进的管理模式，从而加快了国有企业机制转换的步伐。

四、促进了外资引进和开放型经济体系的形成

国际经济贸易领域的一个重要特征是，贸易和投资是连成一体、不可分割的。在我国以进口保税方式发展起来的加工贸易已不仅仅是一种贸易行为，更重要的是它与利用外资紧密联系，是我国参与国际化生产的重要环节和组成部分。目前从事加工贸易的外商投资企业已经成为我国外贸发展的主力军。改革开放以前，我国国民经济长期处于封闭、半封闭状态。随着我国进口特别是加工贸易迅速发展，使我国对外贸易呈现"大进大出"的新格局，进口依存度（进口在国内生产总值中的比重）从 1978 年的 4.7% 提高到 2008 年的 26.2%。2013 年，我国进口依存度为 23.5%，起到促进我国开放型经济体系的作用。

五、提高了国民经济的效益，密切了同世界各国的关系

随着我国对外经济贸易从侧重商品的互通有无和调剂余缺逐步向参与国际分工、发挥比较优势、优化资源配置的方向转变，从侧重商品使用价值的交换向实现商品价值最大化的方向转变，我国开始把经济效益作为发展对外经济贸易的基础，从而使我国在国际经济交换中不仅能实现或在一定程度上超过国内市场的平均价值，而且还可以实现或在一定程度上超过国际市场的平均价值，提高了国民经济效益。同时，贸易的发展也密切了同世界各国的经济关系，为我国现代化建设创造了良好的国际环境。

第三节　贸易平衡与进口政策

一、外汇储备快速增加给宏观调控带来新的挑战

改革开放特别是近年来，随着我国对外贸易的快速发展，外汇储备也随之大幅度增加。1978 年，我国外汇储备为 1.67 亿美元；1980 年，我国外汇储备为－12.96 亿美元；1996 年，我国外汇储备达到 1050.49 亿美元；2001年，我国外汇储备为 2121.65 亿美元；2006 年，我国外汇储备增加到 10663亿美元，居世界第 1 位；到 2009 年年末，我国外汇储备已经达到 23992 亿美元，截至 2013 年年底，我国外汇储备已达 3.82 万亿美元。

外汇储备是一个国家信心的标志，也是一个国家在国际金融市场上的特别信用证，外汇储备增多有利于吸引国外投资，或到国外发债，从而加快国内的经济发展。1998 年，亚洲金融危机爆发，周边国家货币大幅度贬值，我国政府果断地宣布人民币不贬值，同时实施积极的财政政策，扩大内需，中国在世界上的地位得到提高。稳定人民币币值，外汇储备功不可没。1997 年以来，人民币汇率基本稳定在每 100 美元兑换 830 元人民币左右，获得了硬货币的国际地位。2005 年 7 月人民币汇率形成机制改革以来，人民币对主要

国家货币汇率呈"双向波动，弹性增强，累计小幅升值"态势。截至 2008 年，人民币汇率为 1 美元兑 6.9451 元人民币，累计升值超过 17%；截至 2014 年 4 月，人民币汇率为 1 美元兑 6.2073 元人民币。

但是，外汇储备快速增长给宏观调控带来新的挑战，在当前的外汇管理体制下，中央银行为了维持汇率的相对稳定，被动购入外汇形成外汇储备，同时相应投放了等值的基础货币，造成外汇占款猛增。这是货币流动性过剩、银行存贷差扩大的重要根源。银行存贷差扩大，放贷压力大，又会进一步加剧投资增长过快、部分行业产能过剩的矛盾，从而影响国民经济的全局，影响宏观经济的稳定。

由于我国实行的是强制结售汇制度，外汇储备上升会加大基础货币的投放，根据货币乘数效应，货币供应量会成倍增加，以致流动性过剩，削弱了货币政策的独立性，加剧了通货膨胀的风险，也加大了人民币升值压力和经济增长的外在风险。巨额顺差带来的大量外汇流入直接造成了不断增长的外汇储备，央行大量购入外汇后必须投放基础货币进行对冲，外汇占款占基础货币的比例已从 2001 年的 44.81% 增至 2009 年的 134.12%，基础货币被动性的长期大量投放无疑会使流通中货币数量超过实际需求量。（见表 8-1）

表 8-1　1981 年以来我国贸易顺差情况表

单位：亿美元

年份	出口总额	进口总额	贸易差额
1981	220.1	220.1	0.0
1982	223.2	192.9	30.3
1983	222.3	213.9	8.4
1984	261.4	274.1	−12.7
1985	273.5	422.5	−149.0
1986	309.4	429.1	−119.7
1987	394.4	432.2	−37.8
1988	475.2	552.6	−77.4
1989	525.4	591.4	−66.0
1990	620.9	533.5	87.4
1991	719.1	637.9	81.2
1992	849.4	805.9	43.5
1993	917.4	1039.6	−122.2
1994	1210.0	1156.2	53.8

续表

年度	出口总额	进口总额	贸易差额
1995	1487.8	1320.8	167.0
1996	1510.5	1388.3	122.2
1997	1827.9	1423.7	404.2
1998	1837.1	1402.4	434.7
1999	1949.3	1657.0	292.3
2000	2492.0	2251.0	241.0
2001	2661.0	2435.5	225.5
2002	3256.0	2951.7	304.3
2003	4382.3	4127.6	254.7
2004	5933.7	5614.2	319.5
2005	7619.5	6599.5	1020.0
2006	9690.7	7916.1	1774.6
2007	12180.2	9558.0	2622.2
2008	14306.9	11325.6	2981.3
2009	12016.1	10059.2	1956.9
2010	15777.5	13962.5	1815.1
2011	18983.8	17434.8	1548.9
2012	20487.1	18184.1	2303.1
2013	22100.2	19502.9	2597.3

资料来源：《海关统计》

同时，人民币升值的压力增大。由于出口快速增长，外汇储备持续快速增加，一些国家要求人民币升值的压力越来越大。另外，过大的外汇储备规模也造成一定程度的资源闲置。国际上对合理外汇储备的通用标准是，一国的外汇储备最好大约与其当年的外债还本付息额相等，或是相当于其三个月到半年左右的进口额。无论按照哪项标准，中国的外汇储备都大大超过正常的规模。外汇储备水平过高实质上是一种资源闲置。

二、扩大进口政策势在必行

如何把我国外汇储备规模调控在一个合理的水平上，是摆在我们面前的一个非常现实的问题。从大的方面看，解决这一问题的对策主要有两个：一是使人民币升值，通过减少出口和扩大进口减少外贸顺差；二是加强进口调控，主动扩大进口。

从国际经验看，货币过快升值短期看对出口增长影响很大，中期看对国内市场平衡和国内产业发展不利影响明显，长期看对整个国民经济的发展负面效应也很大。

从我国目前情况看，我国出口商品中纺织品、轻工产品等劳动力密集型产品成本与印度、巴基斯坦和东南亚国家相比并不占优势。货币升值会严重影响纺织品、轻工产品出口，这不仅加剧我国就业矛盾，而且不利于扩大国内需求。

我国现行的进口结构和政策，主要是在外汇短缺条件下形成的，不能满足国民经济发展和人民生活水平提高的需要，主要表现在：

（1）进口商品结构不合理，突出表现在重生产、轻消费。在进口商品中，绝大多数是与生产有关的能源、原材料和机械设备，与最终消费有关的食品、消费品进口很少，对一些高档消费品还征收很高的消费税，限制进口。

（2）进口市场集中度偏高。近年来，我国在进口市场多元化方面取得一定进展，进口市场过度集中的局面有所改善，但集中度仍然偏高。2008 年我国前 10 位进口来源地进口比重超过 70％，其中自日本、欧盟、东盟、韩国、中国台湾、美国的进口比重分别为 13.3％、11.7％、10.3％、9.9％、9.1％和 7.2％。

（3）进口管理体制还不够完善。目前在进口管理方面和政策制定方面涉及发改委、商务部、财政部、海关总署、外汇管理局等部门，部门之间在重大政策协调配合方面还不协调，效率不高。

（4）大宗商品进口协调机制没有建立起来。近年来我国大宗商品进口迅速增长，2008 年我国原油、成品油、铁矿石、木材、大豆、棉花、食用油进口金额分别达到 1293 亿美元、300 亿美元、605 亿美元、74 亿美元、218 亿美元、35 亿美元、90 亿美元，我国已经成为国际市场大买家。但由于适合我国进口特点，政府、中介组织和企业之间的协调机制还没有建立起来，企业在国际市场各自为战、抬价抢购，造成外商渔利，国家和企业利益受损。

（5）重要商品进口与国内储备结合不紧密，不能有效应对国际市场价格的大起大落。由于重要商品储备能力不足，造成重要商品在国际市场价格高时，我国大量进口；国际市场价格低时，进口反而减少。

（6）鼓励进口的政策体系不完善。在我国外贸政策体系中，鼓励出口的政策比较完善，包括退税政策、市场开拓政策、出口基地建设等，但进口促进方面的政策很少。

第四节　扩大进口思路与重点

一、扩大进口的思路

随着国民经济持续快速发展和人民生活水平的提高，我国不断扩大进口以满足人民群众不断增加的物质文化生活需要，我国进口总额也将保持快速增长，进口占世界产量的比重逐年提高。为了适应外汇储备大量增加的矛盾，在进口战略上需做必要的调整。基本思路是：以科学发展观为指导，按照发挥比较优势、弥补资源不足原则，努力扩大进口需求，实行进出口基本平衡的政策，加快进口增长方式的转变，充分发挥进口在促进我国经济发展中的作用。实行扩大进口政策，要注意以下几点：

（1）积极组织好短缺资源性产品进口。鼓励企业通过经济技术合作等多种方式，与外方签订长期供货合同。对我国企业在海外投资开发的原油及铁、铜、铝、镍、铬、钾、木材等重点资源，研究鼓励短缺资源性产品向国内运销的政策。

（2）把增加资源性商品进口与解决贸易摩擦问题结合起来。在进口的国别选择上，应充分考虑对我国有较大逆差的国家如美国、欧盟，缓和这些国家对我国贸易不平衡状况。

（3）运用进口手段促进产业结构调整。规范进口秩序，加强进口监控，逐步减少资源流向不符合国家产业政策方向的落后和低效产能。

（4）加强大宗商品采购和海外资源开发的协调。以代表直接用户和生产者利益的骨干企业为主，组建进出口联合体，统一对外谈判，充分利用我国最大需求方和重要出口国的地位，在大宗商品的国际定价中争取更多的话语权。加强我国企业投资开发海外资源特别是重大投资项目的组织协调。

（5）拓展海外经营渠道，尽量与国外生产者和直接用户进行交易。引导和支持企业在海外建立自主经营的采购运销体系，加强与海外生产者和直接用户的联系，减少交易的中间环节，降低采购成本。

（6）在具体操作过程中，原则上以企业为主。涉及重要商品储备的商品进口，应在征求财政部门意见的基础上，由负责国家储备管理的有关企业组织实施。

（7）合理把握进口的时机和节奏。一是国际市场价格处于历史较低水平；二是不对我国正常进口产生严重冲击。同时，要避免集中大量进口冲击国内市场和国内产业。（见表8-2、表8-3）

表8-2　1980—2013年我国进口商品构成

单位：%

年份	初级产品	工业制成品	年份	初级产品	工业制成品
1980	34.8	65.2	1997	20.1	79.9
1981	36.5	63.5	1998	16.4	83.6
1982	39.6	60.4	1999	16.2	83.8
1983	27.2	72.8	2000	20.8	79.2
1984	19	81	2001	18.8	81.2
1985	12.5	87.5	2002	16.7	83.3
1986	13.2	86.8	2003	17.6	82.4
1987	16	84	2004	20.9	79.1
1988	18.2	81.8	2005	22.4	77.6
1989	19.9	80.1	2006	23.6	76.4
1990	18.5	81.5	2007	25.4	74.6
1991	17	83	2008	32	68
1992	16.5	83.5	2009	28.8	71.2
1993	13.7	86.3	2010	31	69
1994	14.2	85.8	2011	34.7	65.3
1995	18.5	81.5	2012	34.9	65.1
1996	18.3	81.7	2013	33.6	66.4

表 8-3　2007—2012 我国进口初级产品构成

单位:%

年份	食品及活动物	饮料及烟类	非食用原料（燃料除外）	矿产燃料、润滑油及有关燃料	动植物油、脂及蜡
2007	1.2	0.1	12.3	11	0.8
2008	1.2	0.2	14.7	14.9	0.9
2009	1.5	0.2	14.1	12.3	0.8
2010	1.5	0.2	15.1	13.5	0.6
2011	1.7	0.2	16.3	15.8	0.6
2012	1.9	0.2	14.8	17.2	0.7

二、扩大进口的重点

（一）扩大原油、成品油、天然气、煤炭等能源类产品进口

1. 原油

2000—2008 年，我国成品油年消费量年均增长接近 6%。近几年我国原油进口增长很快，2000—2008 年原油进口数量分别为 7027 万吨、6026 万吨、7045 万吨、9112 万吨、12272 万吨、12682 万吨、14517 万吨、16317 万吨和17888 万吨。2013 年，我国原油进口已达 2.8 亿吨，目前我国石油消费的一半以上依靠进口。

原油是不可再生的重要战略性商品，国内已探明储量和可采储量的增长均十分有限，难以满足经济增长要求。多进口原油，充分利用国外资源，降低我国油田开采强度以保护国内资源，对于保障我国的能源安全具有重要意义。但随着进口比例越来越大，国际环境变化和各种突发事件对我国石油供应和经济安全运行的影响越来越大。

2. 成品油

为了缓解国内炼油能力不足造成成品油供应紧张的矛盾，我国每年要进口一部分成品油，主要是燃料油、煤油、柴油和少量汽油。2007 年进口数量分别为 2419 万吨、500 万吨、162 万吨、22.7 万吨，2008 年进口数量分别为

2165 万吨、625 万吨、624 万吨、198.6 万吨。2013 年，我国成品油进口从长远看，应重点鼓励原油进口，成品油进口主要是满足国内品种调剂的需要。

3. 天然气

目前我国天然气产量增速远远落后于需求增速，国内天然气供不应求矛盾突出。预计 2010 年和 2020 年国内产需缺口分别为 500 亿立方米和 1000 亿立方米，需要通过进口解决。

4. 煤炭

我国是煤炭生产和消费大国。以前我国煤炭以出口为主，近年来，我国煤炭进口增长很快，2008 年我国出口煤炭 4543 万吨，进口煤炭 4040 万吨。目前我国煤炭进口主要集中在沿海地区，这是因为运距较短、运费较低，相对于国内煤炭价格和运输成本，进口煤炭对沿海地区用户和电厂更合算。煤炭是不可再生资源，我国今后应进一步减少出口，鼓励进口。

（二）增加"两高一资"工业原材料进口，满足国内生产需要

为限制国内生产，保护国内资源，减少国内污染，推动节能减排，应扩大国内尚不能满足需要的资源产品以及在生产过程中高耗能和容易造成污染的产品进口。

1. 纺织原料

黏胶、氨纶、腈纶等属高污染、高耗水产业，国外已属于逐步关停行业，国内供不应求。以黏胶为例，由于对奥地利（主要进口国）生产的黏胶进行反倾销，导致国内市场价格由每吨 13000 元上涨到 21000 元，进而拉动国内产量上升，从 2000 年的 70 万～80 万吨增加到现在的 130 万～140 万吨。生产 1 吨黏胶耗水 100 万～300 吨，在生产过程中产生大量的废水。目前黏胶的进口关税是 5%～6%。为此，要进一步降低进口关税，扩大进口。另外，对重要原材料要慎用反倾销措施，研究实施反倾销措施前，尽量听取国内中下游企业的意见。

2. 农药

国内农药生产往往属于高污染产业，而国外生产的农药属于高效无毒农药，建议适当增加高效无毒农药进口。

3. 天然橡胶

目前天然橡胶进口关税税率接近 20%，国内产量占消费量低于 30%。美

国、法国等国的两三家企业经常挑起贸易摩擦，以压制我国内企业在国际市场的发展。建议把天然橡胶的进口关税税率降低到 10% 以内。

4. 国内紧缺钢材产品

2008 年我国进口钢材 1543 万吨，主要是棒材、角钢及型钢、板材、管材及空心异型材等。建议进一步放宽现行国内需要的钢材品种进口限制，增加企业进口。

5. 氧化铝和电解铝

这两种产品既是资源性产品，也是高耗能产品。建议在进一步控制出口的同时，鼓励进口。

6. 其他资源性产品

对其他资源性产品如木材、矿产品等，建议取消限制，由企业根据市场供求情况，自主决定进口数量。

（三）增加我国不具竞争优势和不能满足需要的农产品进口

1. 粮食、植物油

受土地、水、劳动力和农资生产成本的影响，我国的粮油产品生产成本上升较快，总体看属于不具竞争优势的产品。从长期趋势看，随着人口增长和消费水平的提高，粮食将出现缺口，油料供需缺口加大，客观上需要进口部分小麦、玉米、食用植物油弥补国内需求。

2. 棉花

国内棉花需求 1200 万吨左右，全国棉花产量 760 万吨，国内棉花产需缺口 440 万吨左右。针对以滑准税计算的棉花进口成本明显高于国内市场棉价的情况，在国内棉农利益不受冲击前提下，建议适当调低棉花进口关税税率，降低进口成本，增加棉花进口。

3. 大豆

大豆是中国的重要油料作物，我国对大豆的需求量逐年增加。我国 1995 年以前为大豆净出口国，1996 年后开始变为大豆净进口国。大豆除了食用和加工豆粕、豆油外，还可开发提炼大豆磷脂、皂甙、异黄酮、低聚糖等多种产品，用作食品添加剂和药用原料。据有关方面研究，每吨大豆可提炼皂甙

4千克、异黄酮2.8千克，仅此两项销售收入可达7600元，大大超过大豆加工豆粕、豆油的价值。增加大豆进口不会对国内大豆生产造成冲击，在加快我国大豆发展的同时，鼓励大豆进口，满足国内市场对大豆的需求。

（四）加大机电产品进口支持力度

抓紧落实国务院关于振兴重大装备制造业有关税收政策。采取"集中筹码，捆绑招标"、"技贸结合、合作生产"的方式，依托重大工程，统一招标方式，争取主动，迫使外国竞争者向我转让先进技术。

运用贴息政策扩大进口。按照2007年发展改革委、财政部、商务部联合发布的《关于发布鼓励进口技术和产品目录通知》要求，对目录中的先进技术、重要装备、重点行业生产设备、资源性产品等进口予以财政贴息支持。

调整产品进口关税税率。有选择地对部分国内不能生产的重要机电设备的关键部件以及重要能源、资源类大宗原材料商品的进口，以年度暂定税率的方式给予进口关税优惠。

研究设立飞机租赁公司，开展飞机租赁业务的可行性。

（五）增加国内有需求的消费品进口

增加国内有需求的食品进口。近年来，随着国内居民生活水平的提高，对国外肉制品、奶制品、水产品、蔬菜水果、食糖、咖啡等食品需求快速增长。2006年我国食品和主要供食用的活动物进口达到100亿美元，2008年达到140亿美元。随着我国与其他国家自贸区的发展，应进一步降低关税水平，放宽限制，扩大食品类产品进口。

适当扩大名牌家电、服饰、化妆品、工艺品等高档消费品进口。我国是工业消费品生产和出口大国，但高档消费品主要依赖进口。建议适当降低进口关税和消费税税率，缩小消费税征收范围，满足高档次消费者的需求。

（六）增加部分重要商品进口用于国家储备

1. 石油

石油储备是防范石油危机的首要选择，必须从国家战略高度加以重视，确定合理的储备规模，分阶段实施。美国用了 10 多年的时间建设了总储存能力为 7.5 亿桶的五大战略石油储备基地，日本用了近 20 年的时间建成并运行了 10 个国家石油储备基地。根据我国国情，可以考虑用 5 年左右的时间，建立和逐步完善战略石油储备体系。到 2015 年如果储备规模达到 120 天的进口量，储备量大致为 5000 万吨左右。

2. 建议以国营贸易方式增加粮食、棉花等商品进口

增加进口部分，先转入国家储备，根据市场供求和总量平衡情况，择机销售。

3. 扩大战略物资进口

研究建立部分物资由国家储备、企业储备和商业储备相结合的战略物资储备体制，适当扩大企业和商业储备进口，分散国家集中进口的风险。择机进口一些国内短缺、长期依赖进口的资源性产品，用于充实国家重要商品储备。

三、扩大进口政策建议

（一）总体要求和目标

实行进出口基本平衡政策，发挥进口在促进我国经济发展中的作用。完善进口税收政策，扩大先进技术、关键设备及零部件和国内短缺的资源、原材料进口，促进资源进口多元化。

（二）主要政策措施

——完善进口税收政策。研究逐步降低或取消资源、能源、技术和关键设备的进口关税，鼓励企业积极引进有利于振兴国内装备制造业的国外先进设备。按照 WTO 原则和要求，进一步完善进口行政许可制度，制定和完善进口技术法规与标准，加强进口宏观管理。采取贴息贷款方式，引导企业使用国内外汇贷款，购买国外先进技术和设备。

——增加先进技术、关键设备、关键零部件和国内短缺资源进口。通过降低和免征关税、进口环节增值税以及信贷支持等措施，支持企业引进先进技术和关键设备，搞好消化、吸收和再创新工作。增加重要资源性产品和战略物资进口。

——争取资源产品国际市场定价权，促进资源进口的多元化。与资源输出国建立长期稳定的采购关系，加强与主要资源消耗大国的协调与合作。加快建立多元、稳定、可靠的重要短缺资源境外生产供应体系，推动重要战略性资源商品进口方式和来源多元化。

——敦促美、欧等发达国家放宽对我高新技术出口限制。要加强与美欧的外交联系，鼓励其用实际行动构筑建设性伙伴关系。多作美欧高技术企业的工作，通过这些企业向其政府施加压力，促美欧放宽对我高新技术的出口限制。

——研究建立部分物资由国家储备、企业储备和商业储备相结合的战略物资储备体制。适当扩大企业和商业储备进口，分散集中进口的风险。择机进口一些国内短缺、长期依赖进口的石油、棉花等重要能源和资源性产品，用于充实国家重要商品储备。

——进一步完善进口分工管理体制。国家发展改革委重点要做好进口总量计划，商务部门要按照国家发展改革委确定的进口总量计划内，重点做好组织实施工作；发展改革委、商务部要与财政、税务、海关、外汇等部门加强协调配合，共同做好扩大进口相关政策工作。

——加快培育发展进口中介组织。充分发挥进出口商会在扩大进口中的作用。从法律和规则上提供机构投资者健康发展的条件，鼓励发展在国际市场上有话语权的专业巨型基金。

——完善金融信贷政策。采取贴息贷款方式，引导企业使用国内外汇贷款，购买国外先进技术和设备。恢复进口信用保险，使中小企业的进口潜在需要为实际可操作的进口需求。规范、引导企业积极稳妥地运用期货贸易和其他金融衍生工具，规避国际市场风险。引导企业合理利用现货市场、远期交易市场和期货市场，做好大宗商品进口采购。支持国内企业通过套期保值交易、大宗期货交易等多种金融衍生交易产品，锁定进口风险，确保企业正常收益。

——营造进口市场主体多元化的环境，促进一批专业化进口队伍的形成。鼓励和推动中国企业联合采购。由于很多大宗原材料是战略物资，中国对进口的依赖会日益严重，中国必须从战略上考虑在采购方式上鼓励和推动中国企业联合采购，成立中国的"集中采购方式"，由几家市场份额较大的企业建立一个联盟，由这个联盟负责海外集体采购原料，增强中国企业的谈判能力，规避进口的价格风险。

　　——完善进口安全预警机制。要密切关注能源、粮食、重要矿产资源进口的动向，分析其走势，判断进口规模是否超过安全警戒线及超过的程度和范围，加强对策研究。

（三）促进进口市场的多元化

　　——推动重要战略性资源商品进口方式和来源多元化。一方面，实现石油、有色金属矿、粮食、棉花及关键技术进口的来源地的多元化；另一方面，加快"走出去"开发重要资源的步伐，掌握主动权。

　　——逐步掌握资源进口的主导权。充分发挥进口大国优势，促进与资源输出国建立长期稳定的采购关系，加强与主要资源消耗大国的协调与合作，共同维护资源进口国利益。积极融入全球资源定价体系，参与调控石油等战略资源的国际市场价格，力争更多的定价参与权、协调权和影响权。

第九章　大力发展服务贸易

第一节　我国服务贸易发展水平相对滞后

服务贸易比重的高低是衡量一个国家是否是贸易强国的重要标志。2013年，我国已经跻身为世界第一贸易大国，服务贸易仍居世界第3位，落后于美国、德国。从服务贸易总量及占世界比重来看，1992年，我国服务贸易进出口额为183亿美元，占世界比重仅为1％，2002年，我国服务贸易进出口额为855亿美元，占世界比重的2.7％。2012年，我国服务贸易进出口额为4706亿美元，占世界比重的5.6％。（见表9-1）

表9-1　中国服务贸易进出口额及占世界的比重（1992—2012年）

单位：亿美元

年份	进出口总额	占世界比重（％）	出口额	占世界比重（％）	进口额	占世界比重（％）
1992	183	1.0	91	1.0	92	1.0
1993	226	1.2	110	1.2	116	1.2
1994	322	1.6	164	1.6	158	1.5
1995	430	1.8	184	1.6	246	2.1
1996	430	1.7	206	1.6	224	1.8
1997	522	2.0	245	1.9	277	2.2
1998	504	1.9	239	1.8	265	2.0
1999	572	2.1	262	1.9	310	2.3
2000	660	2.2	301	2.0	359	2.5
2001	719	2.4	329	2.2	390	2.6
2002	855	2.7	394	2.5	461	3.0
2003	1013	2.8	464	2.5	549	3.1
2004	1337	3.1	621	2.8	716	3.4
2005	1571	3.2	739	3.0	832	3.5
2006	1917	3.5	914	3.2	1003	3.8

续表

年份	进出口总额	占世界比重（％）	出口额	占世界比重（％）	进口额	占世界比重（％）
2007	2509	3.9	1217	3.6	1293	4.1
2008	3045	4.1	1464	3.9	1580	4.5
2009	2867	4.5	1286	3.9	1581	5.1
2010	3624	5.1	1702	4.6	1922	5.5
2011	4191	5.2	1821	4.4	2370	6.1
2012	4706	5.6	1904	4.4	2801	6.8

数据来源：海关总署

从服务贸易与货物贸易的对比看，与世界平均水平相比，我国服务贸易占对外贸易总额的比重仍然偏低。2012年，世界服务贸易占对外贸易总额的比重为18.6％，而我国仅为10.8％。不仅低于美国、欧盟等发达经济体，也明显低于俄罗斯、巴西、印度等发展中国家。（见表9-2、表9-3）

表9-2　2012年世界主要国家（地区）服务贸易出口统计

单位：亿美元

排名	国家（地区）	出口金额	占世界比重（％）	增长率（％）
1	美国	6140	14.1	4
2	英国	2780	6.4	—4
3	德国	2550	5.9	—2
4	法国	2080	4.8	—7
5	中国	1904	4.4	5
6	印度	1480	3.4	8
7	日本	1400	3.2	—2
8	西班牙	1400	3.2	—1
9	新加坡	1330	3.1	3
10	荷兰	1260	2.9	—7
11	中国香港	1260	2.9	7
12	爱尔兰	1150	2.6	2
13	韩国	1090	2.5	16
14	意大利	1040	2.4	—1
15	比利时	940	2.2	0

数据来源：世界贸易组织秘书处（其中中国数据来源于商务部）

表 9-3　2012 年世界主要国家服务贸易进口统计

单位：亿美元

排名	国家	进口金额	占世界比重（%）	增长率（%）
1	美国	4060	9	3
2	德国	2850	7.3	—3
3	中国	2801	6.8	18
4	英国	1760	4.3	1
5	日本	1740	4.2	5
6	法国	1710	4.2	—10
7	印度	1250	3	1
8	新加坡	1170	2.8	3
9	荷兰	1150	2.8	—5
10	爱尔兰	1100	2.7	—5
11	加拿大	1050	2.7	1
12	韩国	1050	2.6	7
13	意大利	1050	2.6	—8
14	俄罗斯	1020	2.5	16
15	比利时	900	2.2	—1

数据来源：世界贸易组织秘书处（其中中国数据来源于商务部）

一方面，应该客观看到，我国服务贸易占贸易总额比重偏低，与我国制造业竞争力突出、货物贸易快速发展有关。

在发达国家经济体之间，也存在制造业竞争优势强的国家，服务贸易占比相对较低的情况，比如在发达国家方面，英国、法国等制造业竞争优势相对减弱的国家，服务贸易占比分别为 28.3% 和 23.4%；面临产业空心化的美国服务贸易占比为 20.8%。而制造业竞争力强的德国，服务贸易占比仅为 17.3%，不仅明显低于欧盟 22.3% 的平均水平，也低于 18.6% 的世界平均水平。尽管与英国、法国相比，德国服务贸易占比偏低，但 2012 年德国服务贸易进出口总额为 5792.6 亿美元，仍然高于英国的 4535.6 亿美元和法国的 3795.2 亿美元。同时，2012 年德国货物贸易进出口总额高达 25913.5 亿美元，而英国和法国货物贸易进出口总额分别为 11491.4 亿美元和 12423.8 亿美元。2012 年德国的货物贸易总额高于同年英国、法国两国之和。由此可以看出，德国服务贸易进出口额比重低的原因在于德国制造业竞争优势突出，货物贸易进出口额大。

我国面临服务贸易占比偏低的原因与德国类似。与同为新兴国家的印度、俄罗斯、巴西相比，我国服务贸易占对外贸易总额比重仅为 10.8%，明显低于俄罗斯的 15.7%、巴西的 19.6% 和印度的 25.8%。但是与发达经济体中的德国类似，我国货物贸易的高速发展、货物贸易进出口额过大是服务贸易占比偏低的重要原因。2012 年，俄罗斯、巴西、印度三国的货物贸易进出口额分别为 8642 亿美元、4757 亿美元和 7830 亿美元，而同期我国货物贸易进出口额高达 42594 亿美元，居世界第 2 位，是俄罗斯、巴西、印度三国货物贸易进出口总额之和的两倍。

从服务贸易绝对值来看，我国服务贸易进口总额为 2801 亿美元，高于印度的 1250 亿美元、俄罗斯的 1020 亿美元和巴西的 780 亿美元。服务贸易出口额为 1904 亿美元，高于印度的 1480 亿美元、俄罗斯的 580 亿美元和巴西的 380 亿美元。我国在中低端制造业竞争力突出，货物贸易进出口额增长迅速，是我国服务贸易占贸易总额偏低的重要原因。（见表 9-4）

表 9-4　2012 年世界主要国家（地区）服务贸易出口统计

单位：亿美元

国家（地区）	对外贸易总额	服务贸易占比（%）	货物贸易占比（%）
英国	16027	28.3	71.7
印度	10553	25.8	74.2
法国	16219	23.4	76.6
欧盟	150911	22.3	77.7
美国	49023	20.8	79.2
新加坡	12184	20.5	79.5
巴西	5917	19.6	80.4
世界	453426	18.6	81.4
德国	31143	17.3	82.7
韩国	12817	16.7	83.3
日本	19978	15.7	84.3
俄罗斯	10252	15.7	84.3
中国	43375	10.8	89.2
中国香港	18643	9.8	90.2

数据来源：世界贸易组织统计数据库（WTO Trade Statistics Database）

另一方面，服务贸易占贸易总额比重偏低，与我国国内生产总值构成中三次产业比重偏低、服务业发展相对滞后有关。

2012 年，我国第一产业、第二产业、第三产业比重分别为 10.1％、45.3％和 44.6％。第三产业占国内生产总值的比例明显低于 63.6％的世界平均水平，也明显低于印度、巴西等发展中国家。2012 年，在 GDP 总量前 20 的经济体中，我国第三产业比重排名为 18，仅仅高于印度尼西亚的 38.8％和沙特阿拉伯的 31.1％。（见表 9-5）

表 9-5　2012 年世界主要经济体国内生产总值构成

单位：亿美元

国家	GDP 排行	GDP 总量	第一产业占比（％）	第二产业占比（％）	第三产业占比（％）
美国	1	156847	1.2	19.1	79.7
中国	2	82270	10.1	45.3	44.6
日本	3	59640	1.2	27.5	71.4
德国	4	34006	0.8	28.1	71.1
法国	5	26087	1.9	18.3	79.8
英国	6	24405	0.7	21.1	78.2
巴西	7	23960	5.4	27.4	67.2
印度	10	18248	17.0	18.0	65.0
韩国	18	11559	2.7	39.8	57.5
世界	—	717073	5.9	30.5	63.6

数据来源：国际货币基金组织

服务贸易逆差扩大反映出我国服务贸易竞争力不强。

虽然我国服务贸易占贸易总额比重偏低的主要原因是货物贸易规模较大，但是我国服务贸易逆差持续扩大却是不争的事实，这与货物贸易的持续顺差形成了鲜明对比。1992 年，货物贸易顺差为 44 亿美元，服务贸易逆差为 1 亿美元。2002 年，货物贸易顺差为 304 亿美元，服务贸易逆差为 67 亿美元。2012 年，货物贸易顺差为 2303 亿美元，而服务贸易逆差为 897 亿美元，创历史新高。（见表 9-6）

表 9-6　中国服务贸易与货物贸易平衡情况对比

单位：亿美元

年份	服务贸易顺差 （逆差）	货物贸易顺差 （逆差）	年份	服务贸易顺差 （逆差）	货物贸易顺差 （逆差）
1992	−1	44	2003	−85	255
1993	−6	122	2004	−95	320
1994	6	54	2005	−93	1020
1995	−62	167	2006	−89	1775
1996	−18	122	2007	−76	2622
1997	−32	404	2008	−116	2981
1998	−26	435	2009	−295	1957
1999	−48	292	2010	−220	1815
2000	−58	241	2011	−549	1549
2001	−61	226	2012	−897	2303
2002	−67	304			

数据来源：海关总署

服务贸易逆差的持续扩大反映出我国服务贸易竞争力较弱的问题。传统的运输服务、旅游服务在世界服务贸易中所占比重呈不断下降趋势，而包含金融服务、通信服务、专有权利使用费和特许费在内的生产性服务业比重不断提升，服务贸易的技术含量也逐渐提升。2000 年至 2010 年，金融、通信、专利使用和特许已经占到整个服务贸易的一半以上。与之相比，我国服务贸易出口主要集中在旅游、运输、货代、对外承包等领域，在高附加值的金融保险、投资咨询、技术承包和商业零售领域相对落后。2012 年，服务贸易出口中，运输服务达 389.1 亿美元，占我国服务贸易出口总额的 20.4%，旅游达 500.3 亿美元，占我国服务贸易出口总额的 26.3%。建筑服务出口额为 122.5 亿美元，占我国服务贸易出口总额的 6.4%。这三类技术含量相对较低的劳动密集型服务出口占了我国服务出口总额的 53.1%。而通信服务、金融服务、专有权利使用费和特许费所占比重分别为 0.9%、1.0% 和 0.5%。反映文化影响力的电影、音像出口仅占 0.1%。（见表 9-7）

表 9-7　2012 年中国服务进出口分类表及差额

单位：亿美元

项目	出口金额	出口占比（%）	进口金额	进口占比（%）	差额
运输服务	389.1	20.4	858.6	30.6	−469.5
旅游	500.3	26.3	1019.8	36.4	−519.5
通信服务	17.9	0.9	16.5	0.6	1.4
建筑服务	122.5	6.4	36.2	1.3	86.3
保险服务	33.3	1.7	206	7.4	−172.7
金融服务	18.9	1.0	19.3	0.7	−0.4
计算机和信息服务	144.5	7.6	38.4	1.4	106.1
专有权利使用费和特许费	10.4	0.5	177.5	6.3	−167.1
咨询	334.5	17.6	200.2	7.1	134.3
广告、宣传	47.5	2.5	27.7	1.0	19.8
电影、音像	1.3	0.1	5.6	0.2	−4.3
其他商业服务	284.2	14.9	195.6	7.0	88.6
总计	1904.4	100.0	2801.4	100.0	−897

数据来源：中国商务部

全球化背景下我国服务业发展与发达国家差距仍然明显。

在经济全球化背景下，发达国家在向发展中国家进行制造业转移的同时，大力发展本国服务业，特别是技术含量高的生产型服务业，并逐步形成了以服务业为主导的经济结构。西方国家在金融保险、信息服务、现代物流等高端生产性服务业中保持并巩固了领先地位。

以金融保险业为例，《银行家》杂志评选的 2010/2011 会计年度世界银行 1000 强中，美国有 176 家银行入选，欧盟国家有 243 家银行入选。从保险市场来看，发达国家的保险业市场规模占全球份额的 75%，其中美国和日本保费收入合计占全球的 40%。2012 年，我国保险服务出口额仅为 33.3 亿美元，进口额为 206 亿美元，贸易逆差高达 172.7 亿美元。

在现代物流业，2010 年全球物流竞争力前 5 位的国家依次为德国、新加坡、瑞典、荷兰和卢森堡。从第三方物流看，2010 年世界第三方物流企业 10 强企业均集中在北美和欧洲。我国在现代物流业竞争力仍旧较弱，2012 年我国在进出口服务中贸易逆差高达 469.5 亿美元。

在专业服务业，欧美地区的整体实力更是全球领先。美国和英国是世界前 50 强律师事务所、前 25 强会计事务所的总部所在地。2010 年英美两国的法律服务业、管理咨询和营销服务业、会计服务业的营业收入均占世界市场绝大多数份额。

在信息服务业，处于领先地位的仍然是欧美国家。2011 年全球信息技术外包市场高达 3190 亿美元，业务流程外包市场规模也达到 2350 亿美元，2005—2011 年间年复合增长率分别为 10.2％和 7.4％。美国苹果公司率先实现了"智能终端＋信息渠道＋应用软件与服务"的产业链整合；美国、日本、欧盟主导了信息技术服务外包业务；以谷歌、脸谱为代表的美国互联网企业更是占领了互联网产业的先机。在这方面，我国的小米、华为、腾讯等公司仍然处于追赶者、模仿者的地位。

第二节　服务贸易发展国际借鉴

发达国家在完善促进服务贸易法律法规体系、优化发展环境、构建服务业聚集区、完善基础设施等方面不断推出新举措，并为我国提高服务业水平、促进服务贸易发展提供了重要借鉴。

一、制定完善服务业发展政策和法规，为服务贸易营造良好经营环境

在金融领域，加强金融业监管成为各国的主要措施，尤其是在 2008 年金融危机爆发之后。以美国为例，美国采取将美联储打造成"超级监管者"，新建金融稳定监察委员会，重组银行监管机构，并在美联储内部设立独立金融消费者保护局，减少或避免美国金融消费者遭受不公平金融产品和金融服务滥用带来的损失。在现代物流业，一直领先世界的欧盟在提高物流业环境、社会效益上再次走在了前列。以德国为例，该国在 2008 年和 2010 年分别出台《德国货运与物流总体规划》及《货运及物流行动计划》，将绿色物流体现在物流运输结构调整、物流标准化和信息化等各个领域。

二、实施有针对性的财税政策

从全球范围看，制定税收政策是各国促进服务业发展采取的普遍措施，尤其是采取差异化、针对性强的政策，重点支持新兴服务业发展。在金融领域，新加坡对金融业给予较大的税收减免优惠；法国为提高银行在寿险市场的份额，将该国部分保险、金融交易、不动产出租列为免征范围。在商务服务领域，美国政府在"9·11"之后为振兴曼哈顿下城商业服务业发展，出台了包括商业振兴在内的经济振兴计划，对符合条件的商务楼宇采取租税减免优惠，并为相关商业企业和高技术企业提供电力成本折扣优惠。在信息服务领域，印度政府实行多种税收优惠政策支持信息技术服务业的发展，呼叫中心、数据处理等软件外包业务均可享受税收等优惠政策，同时对软件免征基础关税，并在政策性金融机构设立软件产业风险投资基金，吸收国际风险基金与直接投资。

三、培育高端服务业产业聚集带

我国制造业竞争力较强的重要原因是形成了许多产业集群。同样，在发达国家也培育形成了高端服务业的产业集群。在产业集群内部，人才、知识、信息、资金高度融合、相互促进，极大提高了服务业整体竞争力。在金融、信息、教育、创意等知识密集型行业居领先地位的美国，形成了纽约华尔街金融业、洛杉矶好莱坞电影业、加州硅谷电子业等完整的产业链区。其中，好莱坞是集编剧、导演、摄影、剪辑制作、后期推广以及时尚、旅游观光为一体的产业集群。美国政府在好莱坞发展过程中采取了内外有别的双重法律体系，对好莱坞电影业进行扶植。欧盟国家也把构建核心区域，形成产业集群成为发展服务业的主要策略。英国伦敦在国际金融中心综合环境排名中位居榜首，拥有全球最大的保险市场、场外金融交易市场、基金管理中心和外汇交易市场。法国巴黎也集聚了金融业、企业服务业和商业中心，拉德芳斯是巴黎重要的商务中心，马尔纳—拉瓦莱是研发服务、商业服务和休闲产业集聚区。与此同时，日本东京、韩国首尔、新加坡、中国香港等地区都形成了高端服务业集聚区。

四、重视服务业人才的培养

与传统制造业相比，人力资本对服务业的重要性更高。各国高端服务业之间的竞争，从根本上来说是人才的竞争。以美国为例，经过几十年的努力，美国已拥有世界上人数最多、最具优势的科技人才队伍，长期高水平的教育投入和人才的引进，为美国带来了丰裕的人力资本，促使为美国服务贸易提供竞争优势的产业基础持续得到发展，发达的服务业又反过来促进和扩大对人力资本的投资，形成互相促进的良性循环。

五、鼓励支持服务业创新

服务业创新主要体现在价值链、业态和商业模式的创新。服务业的创新能力是服务业的核心竞争力之一，发达国家制定了多项政策，从法律法规、创新战略、税收优惠等方面为服务业创新提供有力的支持环境。

在法律、法规方面，为支持金融业创新，美国《金融服务法》创设"金融控股公司"这一法律概念；为提高政府鼓励创新专项资金的使用效率，美国《贝尔—多尔法案》规定大学、非营利机构和小企业可以拥有在联邦政府经费支持下的发明专利；小企业是创新的主体和源泉，为防止创新活动被垄断，美国《小企业创新研究法》规定所有研发经费超过 1 亿美元的部门，要抽取 1.25% 的经费用于资助中小企业进行创新活动。

在创新战略方面，美国 2011 年提出发展无线网络、改革专利审批制度、实施教育改革等一揽子的促进创新计划。欧盟委员会建立了面向知识密集型的服务业创新平台，建立了包括专利权战略、著作权战略、商标战略、综合性战略在内的全面的知识产权战略。

在税收政策方面，各国对服务业创新的优惠力度不断加大，实施研发税收的国家在不断增加。2011 年，在 34 个经济合作与发展组织（OEDD）成员国中，有 26 个国家政府采取了财税政策鼓励企业加大研发支出。美国对现代服务业企业的研发实行投资税收抵免，并采用有差别的税收政策有针对性地照顾处于不同发展阶段的服务业企业。新加坡对具有新技术开发性质的产业给予5～15年的免税期，对软件、信息服务、监测服务等服务企业的研发支出允许100％免税。

第三节　服务贸易发展要求和目标

我国服务产业结构的主要特征是劳动密集型。当代世界服务产业结构变动的趋势正在由劳动密集型向技术密集型转变。据世贸组织统计，目前美国技术密集型服务贸易的市场占有率在20％以上，印度为5.5％左右，我国仅占1.4％左右。为此，我们在充分发挥我国劳动密集型服务业竞争优势的同时，大力发展技术密集型服务出口，逐步从目前以劳动密集型服务出口为主、技术密集型出口为辅过渡到两者并举，最终过渡到以技术密集型服务出口为主、劳动密集型出口为辅的新格局：

（1）加快产业结构调整，大力发展通信、金融和计算机等服务业。

（2）完善教育体系，在计算机、信息、通信、金融和文化创意等专业领域加大投入，培养和塑造一大批有特色、创造力强的实干型人才。

（3）加快技术创新、制度创新和组织创新，形成一批技术密集型服务产业的企业集团，增强开拓国际市场的能力。

（4）完善服务贸易法规体系，加大知识产权的保护力度。

（5）完善税收优惠政策，打破国家对银行、保险、电信等行业垄断，完善竞争机制。

第四节　主要政策措施

——建立服务贸易统计制度。完善覆盖全社会的服务贸易统计指标体系，建立月度分国别、分地区统计制度，建立统计信息定期发布制度。

——扩大工程承包、设计咨询、技术转让、金融保险、国际运输、教育培训、信息技术、民族文化等服务贸易出口。支持企业到境外设立服务机构，为企业开拓国际市场提供支持。增加对发展中国家服务出口。建立自主性国际运输和物流网络，培育一批国际物流企业。

——鼓励外资参与软件开发、跨境外包、物流服务等领域。通过承接跨境外包，大力发展出口导向型服务业，改善我国的产业结构，提高服务业竞争力。鼓励外资参与现有物流资源整合和新设施的建设，降低物流成本，提高物流服务的质量和效率。

——有序承接国际服务业转移。制定并实施承接外包服务的战略措施，引导国内企业参与承接服务外包业务，吸引包括新设投资、收购兼并、风险投资等多种形式的服务业转移，在沿海地区重点城市建设若干国际服务外包基地，引导跨国公司在我国建立面向其全球网络的服务外包中心。

——积极稳妥扩大服务业开放，建立服务贸易监管体制和促进体系。加快发展有利于扩大就业、提高劳动力素质的技术服务、软件开发、芯片设计、建筑设计、工程设计、医疗服务等服务外包项目；加强规划指导，审慎推进银行、证券、保险、电信、医疗、教育、商业、物流等重点服务业的对外开放。制定和完善批发、零售、金融、电信、运输、旅游等行业的国内标准化体系。研究制定鼓励服务贸易出口的财政、税收、金融、保险、外汇等方面的政策措施，全方位加强对服务贸易出口的促进服务。鼓励服务业行业协会、商会等社会团体设立咨询机构，引导服务贸易出口企业加强对外服务营销。

第四篇

外贸发展战略转型——拓展深度

第十章 拓展外贸地理纵深

第一节 推进出口市场多元化

2013 年，我国对美国、欧盟、日本、中国香港和东盟出口总额为 14873.4 亿美元，占我国出口总额的 67.3%。我国对美国、欧盟、日本、中国香港和东盟进口总额为 7508.6 亿美元，仅占 2013 年我国进口总额的 38.5%。当年我国与上述五个地区的贸易顺差总额为 7364.8 亿美元，为我国当年贸易顺差总值的 2.86 倍。其中，欧盟、美国始终保持前两大贸易伙伴的地位，2013 年，我国与美国和欧盟的进出口额分别为 3684.3 亿美元和 3381.3 亿美元，贸易逆差分别为 2158.5 亿美元和 1177.5 亿美元。（见表 10-1）

表 10-1 2013 年我国主要贸易伙伴进出口额占比及贸易顺差

单位：亿美元

总值 国家/地区	出口额	比重（%）	进口额	比重（%）	贸易顺差
	22100.2	100	19502.9	100	2597.3
美国	3684.3	16.7	1525.8	7.8	2158.5
日本	1502.8	6.8	1622.8	8.3	−120.0
中国香港	3847.9	17.4	162.2	0.8	3685.8
欧盟	3381.3	15.3	2203.8	11.3	1177.5
东盟	2431	11.0	1989.3	10.2	441.7
非洲	928.1	4.2	1174.3	6.0	−246.2
拉丁美洲	1342.7	6.1	1273	6.5	69.7
大洋洲	446.2	2.0	1055.6	5.4	−609.4

数据来源：海关统计

过度依赖欧盟、美国、日本等发达国家市场，不利于我国外贸发展的持续性和稳定性。尤其是在金融危机之后，欧美国家经济复苏缓慢、内部需求不振，成为我国外贸增长缓慢的重要因素。同时贸易摩擦加剧和发达国家

"再制造业化"政策的实施，也对我国传统出口产业形成了新的竞争。因此，积极开拓非传统出口市场，推进市场多元化，在巩固美国、日本、欧盟等传统市场的同时，积极拓展南亚、东欧、俄罗斯、拉丁美洲及非洲等新兴市场，提高新兴市场的出口比例，减少对少数发达国家市场的过度依赖，成为促进外贸可持续发展的重要路径。（见表 10-2）

表 10-2　我国历年对外依存度变化

年份	外贸依存度（％）	出口依存度（％）	进口依存度（％）	年份	外贸依存度（％）	出口依存度（％）	进口依存度（％）
1985	22.7	8.9	13.8	1999	33.3	18.0	15.3
1986	24.8	10.4	14.4	2000	39.6	20.8	18.8
1987	25.5	12.2	13.3	2001	38.5	20.1	18.4
1988	25.4	11.7	13.7	2002	42.7	22.4	20.3
1989	24.7	11.6	13.1	2003	51.9	26.7	25.2
1990	29.6	15.9	13.7	2004	59.8	30.7	29.1
1991	33.2	17.6	15.6	2005	63.6	34.1	29.5
1992	33.9	17.4	16.5	2006	67.0	36.9	30.1
1993	31.9	14.9	17.0	2007	66.2	37.1	29.1
1994	42.3	21.6	20.7	2008	57.1	31.8	25.3
1995	38.6	20.5	18.1	2009	44.2	24.1	20.1
1996	33.9	17.6	16.3	2010	50.3	26.7	23.6
1997	34.1	19.2	14.9	2011	50.1	26.1	24.0
1998	31.8	18.0	13.8	2012	47.0	24.9	22.1

数据来源：海关统计

第二节　改善国内区域布局

2013 年，广东、江苏、上海、北京、浙江、山东和福建等 7 个东部发达省市进出口总值达 3.29 万亿美元，占全国进出口总值的 79%。中部地区和西部地区进出口总值虽然分别增长 13.6% 和 17.7%，其中重庆、河南、安徽、云南、陕西、甘肃、贵州等 7 个省市外贸增速都在 15% 以上，但是中西部地

区占全国进口总值仍然较低，仅占全国出口总值的 5.7%。(见表 10-3)

表 10-3　部分省/市/区进出口总额

单位：亿美元

年份 省/市/区	2008	2009	2010	2011	2012
广东	4056.64	3589.55	4531.91	5319.27	5740.52
江苏	2380.29	1991.99	2705.39	3125.9	3285.43
浙江	1542.96	1330.13	1804.65	2163.49	2245.51
上海	1691.45	1471.96	1807.14	2096.74	2067.44
山东	931.95	794.91	1042.26	1257.13	1287.27
山西	92.53	28.37	47.03	54.25	70.17
河南	107.19	73.45	105.29	192.4	296.78
湖北	117.09	99.79	144.42	195.35	194.01
湖南	84.13	54.92	79.56	99.04	126
安徽	113.64	88.86	124.13	170.83	267.52
内蒙古自治区	35.92	23.15	33.34	46.87	39.71
西藏自治区	7.08	3.75	7.71	11.83	33.55
甘肃	16.01	7.36	16.38	21.59	35.74
青海	4.19	2.52	4.66	6.62	7.29
新疆维吾尔 自治区	192.99	109.35	129.69	168.26	193.47

　　优化国内区域布局，支持中西部地区承接国际和东部地区产业转移，既是有效利用西部比较优势、保持我国外贸出口综合竞争力的客观需求，也是促进国内区域协调发展的必然之举。

　　推动劳动密集型产业向中西部转移。

　　中西部地区包括 18 个省、市、自治区，面积占全国总面积的 82.3%，人口占全国总人口的 61.1%，蕴藏着巨大的市场潜力。随着中部崛起以及西部大开发政策的推进，中西部地区基础设施建设步伐加快、经济实力不断增强、人民收入及生活水平逐步提高，中西部地区潜在和现实的庞大市场和出口潜力成为东部发达地区劳动密集型产业投资与转移的重要目标。鼓励和推动沿海发达地区的劳动密集型产业向中西部地区转移，充分利用中西部地区的廉价劳动力，降低生产成本。

促进劳动密集型产业东中西部产业协调发展。充分利用沿海地区的资金、技术、研发、品牌、营销渠道的优势和内地劳动力、资源、原材料等方面的优势，通过产业政策、投资导向作用，推进产业合理转移，鼓励沿海劳动密集型企业到中西部地区投资，形成东西互动、分工协作、优势互补、共同发展的合理产业梯度格局，促进沿海和中西部地区产业良性衔接，全面提升我国劳动密集型产业的整体竞争力。

东部沿海地区劳动密集型产业聚集了配套完善的上下游产业体系和较发达的市场体系，竞争优势明显，是产业提升和增长方式转变的主导区域。要跟踪国际最新技术、产品、消费潮流，形成沿海新产品设计、开发、生产、经营、贸易区。重点发展技术含量高、附加值高、创汇多、能源和原材料消耗低的劳动密集型产品，促进产业升级。通过土地、环保、税收及产业政策等多种手段，限制和淘汰低水平初加工能力，减轻东部地区土地、环境、资源、能源与社会压力。

中部地区要抓住"崛起"机遇，利用沿海经济发展中出现的劳动力资源紧张，土地、能源和管理成本大幅上升的时机，成为承接东部劳动密集型产业转移的重点区域。以产业集群的形式，加快结构调整，实现规模效益，形成良好的产业链。

西部地区要以国内产业转移为机遇，在西部大开发战略的基础上，突出发挥天然纤维、石油等原料和劳动力资源优势，加快培育和发展要素市场，融入东中部地区产业链，大力发展比较优势明显的特色产品。

——加强协调，做好组织对接。要鼓励东西部省区之间设立产业转移及对接协调机构，建立稳定和高效的操作协调机制，定期不定期地加强协调与沟通，促进东西部省区间劳动密集型产业对接，使东部劳动密集型产业转移与承接的成本更小、代价更低、周期更短、效果更好。

——深化改革，为产业转移创造良好环境。中西部地区应进一步转变政府职能与管理方式，提高政务服务的透明度和效率，为企业发展创造公平的制度环境。同时要制定促进本区域承接劳动密集型产业转移的政策措施。加快社会诚信制度体系建设，逐步建立健全企业、中介组织和个人违约行为的约束惩戒机制。

——加大投入，完善基础建设。进一步加强供水、供电、交通、通信等基础设施和公共设施建设，增强服务功能，为承接东部劳动密集型产业梯度转移提供良好硬件环境。

——提升服务，做好产业支持。大力发展新型流通组织与现代物流业，提高流通的速度、质量、规模和效益。要根据产业转移的需要，发展会计、法律、咨询、信息等中介服务机构，完善市场中介组织，积极引导中介机构加强为企业服务。

第三节　大力发展边境小额贸易

边境贸易是指在边境地区边民或企业与邻国边境地区的边民或企业之间的货物贸易。边境贸易主要有两种形式：一是边民互市，二是边境小额贸易。

边民互市是基于边民个人之间的买卖活动，是指边境地区边民在边境线20千米以内、经政府批准的开放点或指定的集市上，在不超过规定的金额或数量范围内进行的商品交换活动。边民互市贸易由外经贸部、海关总署统一制定管理办法，由各边境省、自治区人民政府具体组织实施。

边境小额贸易是指我国沿陆地边境线经国家批准对外开放的边境县（旗）、边境城市辖区内（以下简称"边境地区"）经批准有边境小额贸易经营权的企业，通过国家指定的陆地口岸，与毗邻国家边境地区的企业或其他贸易机构之间进行的贸易活动，包括易货贸易、现汇贸易等各类贸易形式。

近年来，我国与周边国家和地区的边境经贸往来一直保持着较快的发展势头。2012年，与我国毗邻的12个国家和地区（不含香港、台湾），与我国的边境贸易额超过了395亿美元，比2011年增长11%，高出同期我国进出口增幅7.8个百分点。其中，出口242.1亿美元，同比增长19.9%，高于同期我国出口增幅12个百分点；进口152.9亿美元，同比增长5.8%，高于同期我国进口增幅1.5个百分点。实现贸易顺差89.2亿美元，同比增长55.1%。

一、发展边境贸易是推进市场多元化的重要一环

边境贸易对改善我国目前过度依赖欧美日市场的状况有积极作用，尤其是在我国主要贸易伙伴美国、欧盟、日本经济增长乏力，贸易增长相对缓慢的情况下，发展边境贸易成为促进外贸增长、优化外贸结构的重要途径。

2012年，我国边境小额贸易的五大伙伴分别为俄罗斯、越南、哈萨克斯坦、吉尔吉斯斯坦和蒙古。我国与上述5国的边境小额贸易方式进出口333.9亿美元，占当年我国小额贸易进出口总值的84.5％。其中，我国与俄罗斯边境贸易额达103.6亿美元，同比增长10.7％，占我国小额贸易进出口总值的26.2％。同期，我国与越南小额贸易进出口总值为88.8亿美元，同比增长达31.4％，是我国主要贸易伙伴中增幅最大的国家。（见表10-4）

表10-4　2012年我国边境小额贸易伙伴前5位

单位：亿美元

国家	进出口总额		出口		进口	
	金额	同比（％）	金额	同比（％）	金额	同比（％）
俄罗斯	103.6	10.7	39.3	16.8	64.3	7.3
越南	88.8	31.4	74.2	109	14.6	−4.6
哈萨克斯坦	81.6	3.3	42.8	4.1	38.8	2.4
吉尔吉斯斯坦	35.3	2.4	34.8	3.1	0.5	−31.5
蒙古	24.6	20.2	2.3	42.4	22.3	18.3

与此同时，俄罗斯、哈萨克斯坦、吉尔吉斯斯坦和越南等国家，制造业相对落后，矿产资源丰富，与我国经济有较强的互补性。2012年，边境贸易主要出口产品为原油、煤、铁矿石及其精砂、原木、锯材，主要进口商品为服装、机电产品、纺织产品、农产品和高技术产品。

二、发展边境贸易是改善国内贸易布局的重要组成部分

边境贸易主要集中在新疆维吾尔自治区、黑龙江省、广西壮族自治区、内蒙古自治区和云南省等边境省份。这些边境省份外贸发展相对滞后，明显落

后于东部发达地区，而发展边境贸易对于促进当地贸易发展有积极作用。

2012 年，新疆维吾尔自治区边境小额贸易进出口总值为 130 亿美元，占当年新疆维吾尔自治区进出口总值的 64.3%；广西壮族自治区以边境小额贸易方式进出口 83.5 亿美元，同比增长 33.5%，占当年广西壮族自治区进出口总额的 54%；黑龙江省边境小额贸易额 78.2 亿美元，同比增长 21.3，占当年黑龙江省进出口总额的 54.2%。边境小额贸易已经成为边境省份进出口贸易的重要组成部分。（见表 10-5）

表 10-5　2012 年我国边境小额贸易进出口省（区）前六位

单位：亿美元

省份	边境小额贸易进出口总额		当年进出口总额	边境小额贸易占进出口总额比重（%）
	金额	同比（%）		
新疆维吾尔自治区	130	1.3	193.5	64.3
广西壮族自治区	83.5	33.5	154.7	54.0
黑龙江	78.2	21.3	144.4	54.2
内蒙古自治区	47.3	1.4	58	81.6
云南	21.5	7.3	100.2	21.5
西藏自治区	16.9	81.3	33.6	50.4

三、发展边境贸易对促进人民币国际化进程有重要意义

从当前的国际政治、经济环境看，人民币难以同美元一样在第二次世界大战之后依靠国际协议成为国际货币，也很难像日元一样在日本强大的国际贸易优势支持下迅速推进国际化。同时，人民币海外监控能力有待进一步提高，人民币自由兑换进程仍在发展。因此，人民币作为财富储备、国际借贷货币的功能在人民币没有自由兑换之前发挥的余地并不大。人民币的国际化进程，必定是一个渐进的过程，不可能一蹴而就。只有在国际贸易积累到相当的规模、国内金融市场完善、人民币自由兑换即将完全实现时，人民币才可能真正扩展到作为国际金融市场上的借贷和投资货币、进而作为国际储备货币。

在此之前，而边境贸易却成为促进人民币国际化的重要途径。在我国边

境贸易中，与主要边贸国家和地区相比，我国金融机构有相对较高的经营管理水平，市场化程度不断提高。同时人民币汇价相对稳定以及未来的升值趋势，人民币将越来越成为重要的支付手段。据统计，目前越南境内的人民币约35亿元，泰国境内的人民币约44亿元，蒙古国境内的人民币约6亿元，俄罗斯和缅甸境内的人民币分别在3000万~5000万元之间。人民币在边境贸易推动下的国家化，成为促进人民币国际化的重要突破口。

四、发展边境小额贸易政策建议

——加快转变边贸发展方式，培育具有核心竞争力的边贸企业。当前我国边贸企业绝大部分是代理进出口，不参与具体的商务谈判、生产管理，仅仅收取代理清关费用。部分实体边贸企业经营规模相对较小，市场竞争能力不强，抵御风险能力不足，边贸企业长远发展受到制约。因此，应当引导边贸企业加快调整进出口商品结构、提高产品附加值、创立自有优质品牌、提高抵御风险能力和市场竞争力。

——促进边贸"走出去"。近年来，我国周边部分国家纷纷出台贸易保护政策，限制资源型产品出口。哈萨克斯坦政府于2012年8月16日公布了针对石油的出口禁令；俄罗斯不断上调原木、原油出口税率；越南自2012年起严控铁矿石出口。针对上述情况，我国边境小额贸易应该扩大"走出去"力度，鼓励边贸企业加大境外直接投资力度，减轻周边国家限制资源型产品出口带来的不利影响。

——完善边境贸易制度建设、基础设施建设。目前，部分周边国家的市场经济、法律、法规体系不够完善，"灰色清关"等问题仍然存在，经商环境有待于进一步提高。同时，边境口岸基础设施投入不足，部分边境口岸基础设施比较落后，制约了边境贸易规模的进一步扩大。因此，应当加大对边境地区基础设施建设的支持力度，改善口岸交通、物流和通关状况。同时，加快构建与周边国家相关部门的合作机制，为边贸企业营造较好的经营环境。同时，密切跟踪周边国家政策变动信息，建立进出口风险监测预警机制，最大限度地减少边贸企业面临的风险。

——加大扶持边境小额贸易发展的政策支持力度。目前我国通过转移支付方式专项扶持边贸企业，并从2008年开始取消了对边境小额贸易进出口关税和进口环节增值税减半征收政策。从实际效果看，转移支付力度明显小于减半征税。对此，应加大对中小企业资金援助，强化税收优惠、财政补贴，并提供专门针对边贸企业的信贷政策，提高边贸企业申请配额、许可证的效率，帮助边贸企业把握商机。

——随着边境贸易的不断发展和人民币在周边地区流通范围的扩大，从推进人民币区域化和国际化进程的角度，进一步鼓励边境贸易中采用人民币结算，引导我国商业银行参与边贸的人民币结算业务，将跨境人民币资金纳入我国国际收支和外汇市场信息监测的范围之内。

第十一章 加快"走出去"

在后金融危机时代，仅仅依靠资本、廉价劳动力和土地等要素的堆积已不能实现出口的持续增加。传统的中国制造——中国出口模式的发展模式已经遇到了越来越明显的瓶颈。未来外贸的发展重点已经不再局限于本土生产、海外销售等方面，更重要的是体现在投资领域、商业模式、服务模式等层面的创新上。其中，加快"走出去"战略的实施对于拓展我国外贸战略防线有重要的意义。

第一节 中国企业"走出去"概况

当我国国民财富在实现一定积累后，需要在全球范围内进行配置，而适时积极推动企业"走出去"，有助于企业充分利用国内和国际两种资源，特别是比较稀缺的土地、水、环境和科技创新等资源，有助于推动全球经济增长，有助于中国保持国际事务的平衡。从促进进出口角度来看，加快"走出去"，有利于进一步拓展外贸深度。目前，中国企业"走出去"，主要有三种方式：对外直接投资、对外承包工程、对外劳务合作。

一、对外直接投资

对外直接投资规模由 2002 年的 27 亿美元增至 2012 年的 772.2 亿美元，年均增长率超过 25%。截至 2012 年年底，我国累计非金融类对外直接投资4346 亿美元。对外直接投资存量 5319.4 亿美元。对外直接投资的不断增长，为我国相关设备、产品提供了新的市场机遇。（见表 11-1）

表 11-1　中国对外直接投资存量情况表（2003—2012 年）

单位：亿美元

年份	合计	亚洲	欧洲	非洲	拉丁美洲	北美洲	大洋洲
2003	332.2	266	4.9	4.9	46.1	5.5	4.7
2004	447.8	334.8	6.8	9	82.7	9.1	5.4
2005	572.1	409.5	12.8	16	114.7	12.6	6.5
2006	750.3	479.8	22.7	25.6	196.9	15.9	9.4
2007	1179.1	792.1	44.6	44.6	247	32.4	18.3
2008	1839.7	1313.1	78	78	322.4	36.6	38.1
2009	2457.6	1855.5	93.3	93.3	306	51.8	64.1
2010	3172.1	2281.5	130.4	130.4	438.8	78.3	86
2011	4247.8	3034.3	162.4	162.4	551.7	134.7	1200.7
2012	5319.4	3644.1	217.3	217.3	682.1	255	1511.4

数据来源：商务部

二、对外承包工程

对外承包工程合同额和营业额分别由 2002 年的 150.5 亿美元和 111.9 亿美元增至 2012 年的 1565.3 亿美元和 1166 亿美元，年均增长率均在 30％以上。对外承包工程在很大程度上带动了国产大型成套机电产品的出口，同时大型承包商通过承揽境外承包工程项目，将部分项目业务分包给国内中小型施工企业，以促使中国工程技术标准"走出去"。（见表 11-2）

三、对外劳务合作

2012 年，我国对外劳务合作派出各类劳务人员 51.2 万人，同比增长 13.3％；年末在外各类劳务人员 85 万人。截至 2012 年年底，我国累计派出各类劳务人员 639 万人，为国内大量剩余劳动力提供了境外就业机会。（见表 11-2）

表 11-2　中国对外承包工程和劳务合作统计

单位：亿美元、人

合计 国别 （地区）	对外承包工程			对外劳务合作	
	新签合同金额	完成营业额	派出人数	劳务人员实际 收入总额	派出人数
	1565.3	1166	233365	49.1	278380
亚洲	652.2	543	117007	41.6	214094
非洲	640.5	408.3	90249	4.6	22717
欧洲	86.6	70.6	7931	1.7	16110
拉丁美洲	146.6	113.1	14419	0.79	19264
北美洲	18.1	10.1	205	0.28	975
大洋洲	21.3	20.7	3379	0.11	2606

中国国内企业的资产规模、国内储蓄率、经济结构调整等方面的发展与变化，表明中国已具备大规模对外投资的基本条件。加入世界贸易组织之后，我国对外投资以年均 40% 以上的速度高速增长，累计对外直接投资超过 5000 亿美元，跻身对外投资大国行列。但是，中国企业"走出去"毕竟处于初级阶段，仍面临总体规模偏小、缺少战略规划、投资主体单一的问题。

1. 从规模上看

以投资存量为例，截至 2012 年年底，中国对外直接投资累计净额（存量）达 5319.4 亿美元，位居全球第 13 位（同年，累计非金融类对外直接投资 4346 亿美元）。但与发达国家相比，我国对外直接投资累计净额仅相当于美国对外投资存量的 10.2%、英国的 29.4%、德国的 34.4%、法国的 35.5%、日本的 50.4%。

2. 从产业和区域规划上看

我国海外直接投资过分集中在我国企业没有竞争优势的能源、矿产、服务业等少数几个行业上，在地理方向上也非常集中。而作为全球制造业中心，我国显然在制造业具有非常强劲的竞争力，但在这个领域的对外投资非常少，除非是购买品牌与技术。另外，投资目的国高度集中，前 20 位的国家地区存量累计达到 4750.93 亿美元，占总量的 89.3%。

3. 从投资主体上看

我国的对外直接投资基本由国有企业主导。最近几年，从累计投资规模上看，国有企业的比重接近 70%。与之形成鲜明对比的是，我国货物贸易出口中，国有企业占比仅为 11%，国有企业创造贸易逆差高达 2391 亿美元。这从侧面反映了国内金融体制的扭曲，国有企业通过被压低的利率获得了大量的闲置资金。

4. 从当前看

加快"走出去"，可以从把握产业转移机遇促进成熟产业转移境外、利用金融危机的特殊时机逢低收购海外科技企业、完善我国能源供应渠道为重点。

第二节 成熟行业转移境外

一、战后三次产业转移

国际产业转移主要指相对发达国家或地区通过国际贸易和国际投资等多种方式，将产业转移到次发达国家或地区以及发展中国家或地区，带动移入国产业结构的调整和优化升级。第二次世界大战以来，全球已经历过三次大规模的国际产业转移，其方向都是从拥有资金、技术比较优势的发达国家流向拥有劳动力比较优势的发展中国家。

第一次是 20 世纪 50 年代，美国将钢铁、纺织等传统产业向日本、西德等国转移，美国自己则集中力量发展半导体、通信、电子计算机等新兴技术密集型产业。

第二次是 20 世纪 60 年代至 80 年代，日本、西德等国将附加值较低的劳动密集型和资源密集型产业转移到新兴工业化国家和地区（如亚洲"四小龙"等），他们自己则重点发展集成电路、精密机械、精细化工、家用电器、汽车等附加值较高的技术密集型产业。

第三次是 20 世纪 90 年代以来，欧美、日本等发达国家和亚洲"四小龙"等新兴工业化国家或地区将自身不具有比较优势的产业向以中国为代表的发展中国家转移，他们自己则重点发展自身具有比较优势的产业。

二、第四次产业转移已经开始

随着我国国内要素成本持续的、不可逆转的上升，我国在一些传统行业的竞争优势持续减弱。中国劳动力成本较越南、柬埔寨等东南亚国家高出 3～5 倍，我国部分曾经具备竞争优势的劳动密集型产业已呈现向东南亚国家转移的趋势。其中，具备全球资源调度能力、对国际市场高度敏感的外资企业成为产业转移的先行军。2013 年联合国贸发会议发布的《2012 年世界投资报告》显示，2011 年流入东南亚的外国直接投资达到 1170 亿美元，同比增长 26%，而中国的同期增长率不到 8%。

我国产业竞争力的核心竞争优势在于产业集群以及完善的上下游供应链条。但是，部分东南亚国家在部分产业已经开始形成产业集聚发展格局。例如，越南形成了制鞋基地，孟加拉国则为制衣基地，柬埔寨开始完善纺织业的上下游供给，这些国家的产业在欧美日市场与中国产业形成了直接的竞争，替代效应明显。2010—2013 年，在我国对日本出口逐渐下降的同时，东南亚国家对日本出口增速则达到 30% 左右。预计 2014 年，产业转移还会加剧，第四次产业转移已经开始。

三、我国部分行业具备产业转移条件

随着我国国内成本升高、工资上涨，部分劳动密集型行业的竞争力有所下降，已经出现外资企业向境外转移的现象。同时，低端劳动力的供需开始出现逆转，就业压力得到部分缓解，我国在一些传统行业"走出去"的时机已经相对成熟。经过多年积累，我国在纺织服装等领域的技术能力、管理能力、资金实力迅速提高，在一些传统行业具备"走出去"的能力。

因此，抓住战后第四次产业转移先机，将一些低附加值、低技术含量的产业或生产工序转移出去。在不对我国产业安全、出口和就业造成大影响的前提下，鼓励一部分企业把落后加工环节转移出去，促进加工贸易转型升级，优化产业结构，带动我国加工设备和上游产品的出口，开拓国际市场。

2013 年，我国机电产品出口 12655.38 亿美元，同比增长 7.3%，占出口总额的 57.3%，其中，高新技术产品出口 6603.4 亿美元。而我国传统劳动密集型产品所占出口份额已经相对较低，2013 年，纺织品、服装、箱包、鞋类、玩具、家具、塑料制品等七大类劳动密集型消费类产品出口 4618.4 亿美元，增长 10.3%，占出口总值的 20.9%。

鼓励成熟企业转移境外，是我国实现产业升级、淘汰落后产能的重要途径。面对国内越来越严峻的资源环境约束和可持续发展压力，合理地转移部分落后产业成为倒逼国内产业升级的重要途径，有利于进一步控制"两高一资"产品出口。同时，生产转移境外之后，有利于避开贸易壁垒、延伸和掌控产业链，延长产业周期、规避贸易壁垒，进一步稳定能源与原材料供给、拓展市场空间。对产业转移地来说，通过产业转移，能够充分发挥当地自然资源、土地、劳动力供给等优势，创造就业机会，促进当地经济发展。

鼓励我国有竞争力的企业"走出去"，到境外建立生产基地和营销网络，能够带动和扩大国内设备、技术、零配件和原材料出口。促进这些企业建立健全法人治理结构，不断积累国际化经营的经验，培养国际化经营的人才和队伍，逐步发展成为一批有实力的跨国企业集团。

四、推进我国境外加工贸易发展的意义

境外加工贸易是适应经济全球化、扩大出口的一种经济贸易方式，是我国海外投资的组成部分。近年来，作为一种新型的国际经贸合作方式，境外加工贸易逐渐受到人们的重视。境外加工贸易不仅真正实现了扩大商品出口的目的，而且还带动了技术、劳务以及服务贸易的出口。

通过境外加工贸易，可以绕过国外贸易壁垒，增强我国产品的竞争能力，扩大销售。要结合我国产业结构调整和国有企业改革，制定我国开展境外加工贸易的行业政策。对于各行业开展境外加工贸易的规划要有计划、有步骤、分期分批地向发展中国家转移我国的成熟产业和多余生产力，扩大我国成套设备和原材料的出口。

五、境外加工贸易发展相对缓慢

——认识存在不足。加工贸易在我国已有 30 多年的发展历史，我们对加工贸易的认识在不断深入，但是对于作为经济领域新生事物的境外加工贸易，我们的认识还很不足。我国现行的政策限定过死。目前，生产企业获得的自营进出口权，只限于经营自己生产的产品，而事实上，企业开展境外加工贸易需要出口的原材料、零部件不仅仅限于本企业生产的。

——国家的相关政策尚未配套。以金融服务业为例，我国银行业国际化程度较低，难以对境外加工贸易提供必要的金融服务。目前虽然银行对境外加工贸易出口的设备、技术、零配件、原材料所需资金优先提供出口信贷。有关银行根据《贷款通则》的要求及企业的经营状况、偿债能力和境外加工贸易企业实际生产规模等指标，为举办境外加工贸易项目的国内企业核定该项目出口信贷额度，在额度范围内简化审批手续。然而，目前我国企业在境外开展加工贸易的过程中，遇有流动资金短缺的境况时，却难以得到国内商业银行和国家进出口银行的信贷支持。尽管国内有关部门在简化出国人员审批手续上做了许多努力，但现在一些国家尤其是发达国家，在对我国派驻境外企业工作人员签证上卡得很厉害，动辄拒签，或采取拖延办法，影响了我国境外加工贸易顺利进行。

——产业发展不均衡。我国拥有比较优势和绝对优势的行业领域少。现在，我国的纺织、服装、家用电器和轻工业品还占有优势，其他诸如汽车、IT 产业、电信等领域，我国没有竞争优势。尤其是我国的服务业水平同国际相比差距很大，这直接影响了我国境外加工贸易的发展。

——信息机制不健全。从市场信息需求看，企业对国外有关政策、法律和投资环境知之甚少。不少企业想走出去，但是不知道从哪里能够得到有关国家的市场资料。对于国际上与加工贸易相关的原产地规则了解不多，国际通行做法也不掌握。

六、产业境外转移政策建议

积极发展境外加工。鼓励国内能力相对过剩、贸易摩擦较多的行业转移部分生产能力，引导部分企业把部分加工能力转移出去，带动我国加工设备和上游产品的出口，减少我国向美国、欧盟、日本的直接出口。

——在行业选择上，要突出重点行业。境外产业转移要与经济发展战略相结合，与优化和调整产业结构相结合，根据各个行业发展的不同特点和企业现实需求，把最需要转移的行业或生产环节，直接转到国外消费市场，变"产地销"为"销地产"，变贸易焦点为市场热点。

——在转移目的地上，要突出重点国家和地区。推动企业向我国具有地缘政治优势、合作意愿较强、社会环境稳定、资源充足、市场潜力大、投资踊跃与我国有较强经济互补性的国家和地区转移优势产业，尽可能减少政治风险，尽可能增强双边、多边合作。

——在发展模式上，要突出集约式、园区化发展模式。随着国际分工体系的深化和全球生产体系的完善，集群式发展成为各国对外投资的普遍模式。我国国内产业竞争优势在很大程度上也是建立在产业集群的基础之上。实践证明，建立境外工业园区可以使入园企业争取到更多的优惠政策，有利于企业之间优势互补、信息共享、形成合力、增强抵御风险的能力，从根本上解决企业境外基础设施投入不足、上下游产品不配套及社会治安影响生产经营等问题，提高境外企业"存活率"。因此，应充分发挥现有境外园区作用，引导纺织、服装、家电、电子、木材加工等企业实现境外投资集群式发展，发挥产业聚集效应，提高协同竞争力，规避"走出去"风险。境外经贸合作区建设还带动国内相关产业中小型加工类企业"走出去"，并吸引东道国、第三方企业入驻。截至 2011 年年底，我国各类境外经贸合作区累计实现总产值68.5 亿美元，上缴东道国各种税费 2.4 亿美元。2011 年年末就业员工总计2.5 万人，其中当地员工 2 万人。

第三节　逢低收购海外优质企业

2008 年金融危机爆发后，一些海外企业面临资金短期、运营困难，与之相对比，诸多中国企业逆势成长，快速发展，这成为我国企业逢低并购海外企业的有利时机。通过并购海外企业，除了能够提高国内经济高速发展后对能源需求，更能够获得成熟的制造技术、管理经验，同时，利用当地企业在投资国广泛的渠道分布，可以起到拓展国际市场、延长产业链、提升企业利润空间等作用，国内企业出境并购意愿增强。

一、金融危机后实施海外并购的有利环境

第一是人民币的持续升值。2005 年汇改开始后，人民币步入了一个持续升值的过程，与 2005 年汇改开始时相比，2013 年 7 月人民币对美元升值超过了 34%，人民币对欧元升值超过 20%，目前人民币仍面临较大的升值压力。伴随着人民币升值和美元资产的相对贬值，我国企业海外并购的相对成本不断降低。

第二是国内资本市场逐步发展。我国债券市场发行规模逐步扩大，股票市场层次增多，特别是深圳创业板的推出健全了我国有机联系的多层次资本市场体系，为企业尤其是民营企业多渠道融资提供了更多的可能性。

第三是中央和地方各级政府的支持和鼓励。2009 年商务部出台《境外投资管理办法》，下放核准权限，简化核准程序。绝大部分境外投资企业，包括民营企业只需递交一张申请表，即可在 3 个工作日内获得投资证书。同时，为鼓励民营企业海外投资，部分地方政府还出台了相应的鼓励政策，进一步推动了民营企业大胆进行海外并购。

第四是海外资产大幅缩水。在金融危机冲击下，部分海外股市大幅缩水，上市公司资产价格大幅下降。同时，由于经济总体运行疲软等原因，部分海外企业销售量下降，营利能力下降。为度过难关，增加流动性，此类企业不得不选择低价出售公司资产甚至出售控股权，公司股东和管理层对并购的期望价格也下降，为我国部分资金充足又想拓展海外市场的民营企业提供了一

个"逢低买入"的有利时机。

第五是金融危机提供了吸引海外各类人才的机会。金融危机对劳动力就业的影响促使各国劳动力成本下降。失业率的上升降低了劳动者的实际收入和预期收入，尤其是一些金融机构、投资银行等。目前我国本土企业国际人才的缺乏是限制海外业务开展的重要方面，金融危机为民营企业提供了一次低成本吸引高素质的国际人才的机会，具备了留住海外公司现有管理人才和关键技术人员的条件，为企业并购后在海外的继续发展提供智力支持。（见表11-3）

表11-3　2012年国外直接投资（FDI）接收/输出情况

单位：亿美元

	2012年FDI接收国/地区	金额		2012年FDI输出国/地区	金额
1	美国	1680	1	美国	3290
2	中国	1210	2	日本	1230
3	中国香港	750	3	中国	840
4	巴西	650	4	中国香港	840
5	英属维京群岛	650	5	英国	710
6	英国	620	6	德国	670
7	澳大利亚	570	7	加拿大	540
8	新加坡	570	8	俄罗斯	510
9	俄罗斯	510	9	瑞士	440
10	加拿大	450	10	英属维京群岛	420
11	智利	300	11	法国	370
12	爱尔兰	290	12	瑞典	330
13	卢森堡	280	13	韩国	330
14	西班牙	280	14	意大利	300
15	印度	260	15	墨西哥	260
16	法国	250	16	新加坡	230
17	印度尼西亚	200	17	智利	210
18	哥伦比亚	160	18	挪威	210
19	哈萨克斯坦	140	19	爱尔兰	190
20	瑞典	140	20	卢森堡	170

数据来源：世界银行

二、支持企业海外并购政策建议

——政府应该站在"引导角度"为国内企业走出去提供更多资讯和服务，帮助企业规避各种政治风险、税收风险、商业风险，减少投资并购盲目性。在产业升级和企业自身建设方面鼓励并引导有比较优势的制造业、高新技术产业、工程建筑业、商贸服务业企业走出去。

——加快构建"走出去"的法律和制度框架，深化以投资便利化为核心的管理机制改革，进一步下放核准权限、进一步简化核准程序和减少企业申报材料，简化和规范对企业境外投资的管理，帮助企业抓住时机成功并购，为"走出去"各项业务提供法律保障。

——继续完善支持政策体系，拓宽企业融资渠道，探索多种对外合作模式，发挥商业性和政策性金融的作用。进一步放松外汇管理，指定国家政策银行给予资金方面扶持，设立企业国际市场开拓资金，支持国内企业境外收购。

——加强与有关国家和国际组织在投资并购领域的合作交流，建立政府间定期政策磋商机制，通过签署相关合作协议，构建一个更加有利于企业进行海外并购的环境，协助企业成功进行海外并购。

第四节　完善境外能源供应渠道

一、持续上升的对外能源依存威胁我国能源安全

我国是人均资源相对匮乏的国家，石油人均储量只有世界平均水平的6.1%、天然气只有7.9%，煤炭也只有71%。目前，我国正处于工业化、城镇化加速阶段，能源资源需求不断增大，能源进口持续增加。同时，与世界先进水平相比，我国在能源效率、单位产品能耗等方面仍然存在较大差距，主要产品能耗比世界先进水平高40%，能源利用率仅为33%，能源浪费巨大。我国消耗了世界20%的能源却只生产了全球GDP的10%，为此还消耗

了世界 50％以上的煤炭、钢铁与水泥。2012 年，我国单位 GDP 的能耗为世界平均水平的 1.8 倍、美国的 2.2 倍、日本的 3.8 倍。较低的能源效率，进一步增加了能源消耗和能源需求。

能源需求的高速增长和有限的国内能源储量导致了我国能源自给率逐步下降。2006 年我国能源自给率首次跌破 90％，2007 年跌至最低 88.2％的水平，此后再次回升，2010 年以来一直维持在 90％左右的自给水平。中国社会科学院发布的《世界能源中国展望（2013—2014）》指出，2013 年我国能源对外依存度高达 9％，2014 年约为 10％，而 2015 将上升到 11％，2020 年我国能源对外依存度将接近 26％。我国的能源消费结构中，原油的缺口最大，天然气次之，只有煤炭的生产量可以基本满足国内的能源消费需求，但未来我国能源需求增长之势，将对世界能源供需平衡具有更大的影响。

二、多因素导致油气能源依存度过高

长期以来，在我国能源消费中，煤炭成为主要的能源，一度占据我国能源总消费的 70％以上。但是，与石油、天然气等相比，煤炭能源的燃烧效率低、运输压力大、煤渣过多，污染排放量大。同时，为降低成本，部分地区部分厂商存在使用高硫煤等劣质煤，进一步加重了污染排放。据统计，我国目前 90％的二氧化硫排放、70％的烟尘是由燃煤引起的。自 2013 年年初以来，我国中东部地区反复出现雾霾天气，2014 年雾霾现象更加严重。燃煤排放是造成大气污染的最主要原因。要根治雾霾，必须改变能源结构，尤其是对煤炭能源的过度依赖。根据能源局 2014 年优化能源结构的目标，非石化能源消费比重提高到 10.7％，非石化能源发电装机比重达到 32.7％。此外还要求在全国淘汰煤炭落后产能 3000 万吨，关停小火电机组 200 万千瓦，煤炭消费占能源消费总量的比重需降低到 65％以下。

煤炭资源的制约加上汽车产业的飞速发展导致我国对油气资源，特别是石油能源的需求越来越高。根据中国石油集团经济技术研究院最新发布的《2013 年国内外油气行业发展报告》显示。2012 年，我国石油、成品油原油的表观消费量分别达到 4.98 亿吨和 4.87 亿吨，同比分别增长 1.7％和 2.8％。

其中，原油和成品油进口量分别为 2.82 亿吨和 3959 万吨，进口额分别为 2196.5 亿美元和 319.3 亿美元，两者合计占 2013 年我国进口总额的 12.9%，石油对外依存度达到 58.1%，连续多年超过了 50% 这一国际公认警戒线。与此同时，天然气的对外依存度也由 2012 年的 25.5%，首度突破 30%，上升至 31.6%。

三、完善境外能源供应渠道政策建议

——在能源生产国和能源消费国之间建立长期稳定的供求关系，推动能源市场更大规模的整合。加强亚洲国家石油天然气领域的合作，包括油气生产大国和消费大国在上下游领域共建合资项目，在油气储运、供需、投资等方面更多地分享信息，在亚欧大陆，优化选择油气生产国与消费国陆上与海上运输方案。

——加强与发达国家在战略高新技术上合作。为满足能源需求，发达国家与发展中国家在节能降耗、提高能效、稳定市场、利用可再生能源等方面的合作有待深入。我国全方位能源外交的目标是共同维护能源安全。对发达国家能源外交的重点，可放在技术的引进、消化、吸收和创新。

——推动实现发达国家和发展中国家主要能源研究与开发中心联网，就能源开采、能源转换、能源运输、能源消费等领域提高效率、分享信息，有利于节能减排，实现能源供应多样化。

——在提高可再生能源比重及降低可再生能源开发成本方面，进一步探索国际合作的互利性和互补性，如建立可再生能源的并网输送，降低电力损耗，以利于在世界范围内增强能源安全，减少温室气体排放。

——有效利用外汇储备支持境外投资，深化境外能源资源合作与投资。做好境外投资的投向引导。完善境外投资产业和国别导向政策，支持国内有条件的民营企业通过多种方式到具备条件的国家和地区开展境外能源资源开发。

第十二章　加大创新力度

　　拓展外贸发展深度，提高国内企业的创新能力是当务之急。目前，我国在具备规模优势、成本优势、集群优势的中低端制造行业已经具备相当优势，在这些行业的国际市场占有率已经非常高，要想进一步拓展外贸发展深度，一方面需要向国际产业链的两端延伸，尤其是研发、设计环节；另一方面，要向我国目前竞争力相对较弱、国际市场占有率较低、增长潜力较大的高技术行业延伸。

　　后金融危机时代，世界迎来一个以信息技术为支撑的创新环境巨变的新时代，在这个时代，掌握先进的信息和科技创新能力，国家才能掌握市场竞争的主动权和话语权。近年来各国发展的实践证明，自主创新能力、技术创新能力、管理创新能力和文化创新能力都是提高核心竞争力不可或缺的要素，外贸发展深度的进一步拓展离不开企业核心竞争力的提升。

第一节　辨证看待知识产权保护

一、知识产权保护制度的必要性

　　建立完善的知识产权保护，对于创新的意义是非常重要的。正是因为知识产权保护、专利保护制度的建立，使创新者能够享受自己的科研、创新成果，才保障了创新者的积极性。同时，丰厚的创新收益，也使创新者拥有资金进行持续创新。对比中西方历史，近代西方社会迅速崛起的因素之一就是知识产权保护制度的建立。早在 1474 年，地中海国家威尼斯就颁布了第一步具有近代特征的专利法，第一件有记载的专利在两年后被批准。而意大利也成为开启现代文明的文艺复兴运动的发起国。英国在 1624 年建立制定的《垄断法规》是世界第一步现代专利法，该法规的建立大大提高了社会发明创新的积极性，在一定程度上成为工业革命率先发生在英国的重要原因。随着资本主义发展的要求，从18世纪末到19世纪末的100多年历史里，美国、法国、德国等西方工业国家先后建立了本国的专利法，而日本于1826年也颁布了亚洲第一部专利法。而这些颁布专利法的国家无一例外地成为技术革新、技术进步最早的国家。

虽然在第二次世界大战后许多发展中国家也纷纷建立了专利保护法，但是由于发展中国家建立专利法的时间太晚，科学技术领域与美欧日等发达国家差距过大。西方国家在技术领域已经建立起难以逾越的领先优势。

二、知识产权保护成为西方国家攫取超额利润的工具

任何制度、游戏规则都有两面性，发展到一定程度都会带来消极面。伴随着战后几次产业转移，虽然发达国家面临"产业空心化"的客观问题，国内就业率下降、服务业占比过高。以中国为代表的新兴国家制造业迅速崛起，世界生产制造环节大规模向发展中国家转移，但是西方国家对利润的控制力不减反增。发达国家除了始终掌控着国际分工的主导权，通过跨国公司来控制全球资源配置、金融管理、价值链分布以外，更能够通过对定价权的控制来攫取远远超过合理水平的高额利润。发达国家利用其在国际经济活动中的规则制定者地位，设计的游戏规则明显有利于发达国家本身。一方面，在当前的国际产品定价中，发展中国家掌握的劳动力等要素被人为压低，生产制造环节的附加值也非常低。另一方面，发达国家利用技术垄断优势，过度保护商标、专利、知识产权等无形资产，在国际价值链中研发、创新环节的附加值被人为提高。

以苹果手机为例，该产品的组装生产基本上由中国企业完成，但是中国企业占苹果手机总利润的比重仅为2%，同时中国遭受国际舆论"血汗工厂"等不公平言论的指责和攻击；而基本不参与生产的苹果公司却获得了苹果手机利润的58.5%，并享受"伟大创新公司"的荣誉。针对这种情况，诺贝尔经济学奖得主克鲁格曼表示，美国等国以"保护知识产权"为名，对知识产权过度保护，攫取了巨额垄断利润，这与支持自由贸易的传统观点背道而驰。

三、知识产权保护成为新贸易壁垒的工具

除了对知识产权要素的过高定价以外，知识产权保护也成了发达国家制造新贸易壁垒的借口。得益于中国国内产业结构调整和研发能力的提升，越来越多中国企业的竞争优势开始由单纯的价格优势逐渐升级为技术优势，甚至在一些领域成为新的行业龙头，例如电信业的华为、工程机械的三一重工。随着中国与发达国家同行同场竞技的数量与级别日趋增加，对原有世界行业龙头的垄断利润和地位形成了威胁。在这种情况下，西方国家制定的以鼓励创新、促进贸易公平为原则的"知识产权保护制度"越来越被用作"贸易保护政策"的工具。

为保证市场优势地位，美国等知识产权强国凭借国际经济中的主导地位，在世界范围内强行推广本国知识产权制度。例如美国"特别301条款"，将知识产权保护与贸易报复、普惠制、技术转让等相联系，在多边、双边自由贸易协定谈判中，按照本国标准和规范要求发展中国家建立相应知识产权保护制度，确立了知识产权保护原则。

知识产权制度在国际经济中的推广大大降低了"依法合理"启动出口环节查处程序的门槛。对侵权假冒行为实行更加严厉的惩罚措施，显著扩大了信息披露的权限。而在现实操作中，这些措施被用于制造新的壁垒的几率大大增加。以美国国际贸易委员会的"337调查"为例，该调查的目的是"禁止一切不公平竞争行为或向美国出口产品中的任何不公平贸易行为"。但在实质上已成为贸易保护政策的工具，并成为美国企业打击来自中国等国家的新兴竞争对手的重要手段。据统计，2009年以来，中国输美产品成为美国"337调查"的主要对象，年均立案量占比在40%以上。同时，由于我国的知识产权保护制度尚未完全与世贸组织《与贸易有关的知识产权协议》（TRIPs）内容相一致，有关技术问题的不统一，更为西方国家滥用知识产权保护措施创造了条件，我国成为"知识产权"贸易壁垒的最大受害国。

四、后起国家应建立适合本国的知识产权保护制度

因此，应辩证看待知识产权保护制度。一方面，要建立有效的知识产权保护机制，能够保障创新企业获得合理的创新收益；另一方面，要意识到目前世界通行的由西方国家主导的知识产权制度存在知识产权过度保护、过高收费的情况，并越来越成为部分国家贸易保护主义政策的工具。因此，绝对不能完全按照发达国家制定的"游戏规则"行事，要有自己的标准和准则，在保障、激励和创新的同时，又要使创新成果适度外溢，从而实现创新和社会的福利最大化。

第二节　创新国家经验借鉴

德国是一个比较典型的创新型国家，也是真正的出口强国。除了宝马、奔驰这些响当当的品牌，德国在第二次世界大战之后一直都能牢牢控制住国际市场贸易份额的 10％左右。同时，德国出口的都是高技术、高附加值产品，比如机械、汽车，这两类产品占其出口的一半。创新的系统、创新的文化使德国成为市场发明专利最多的国家之一，从而成就了出口强国。

一、研发投入保质保量

首先，持续的研发投入，保证研发资金数量。为了保证自己科研能力领先世界，德国人对研发投入十分大方。欧盟企业研发投资排名中，前 25 位中有 11 家德国公司，排名第一的德国大众汽车公司年度研发费高达 58 亿欧元。2013 年德国的研发经费约占国民生产总值的 2.82％，位居世界前列。相比较，我国研发投入比例虽然不断上升，但也仅有 2.05％。即便在欧债危机期间，尽管订单有所减少，德国企业的研发投入不减反增，正是因为持续的投入，保证了科研创新在世界的领先地位。

其次，联合投入机制，提高研发资金利用效率。德国有一套个人、企业、政府三方协作、共同受益的研发投资制度。其中，科研人员出技术成果、企业出资金、国家出政策并负责为企业和科技界进行沟通和协调，企业与政府分别承担2/3和1/3的科研经费。这样的机制充分调动了个人、企业、政府的积极性和创造性，把各方面力量都发挥到了极致。

二、占领行业标准制高点

除了持续、不吝血本的投入，建立完善的标准化和质量认证体系也是保证科研创新"不走歪路"的重要保证。

首先，构建完善、统一的行业标准。德国标准化学会（DIN）制定的标准涉及运输、建筑、化工、电工、安全技术、环境保护、卫生、家政和消防等几乎所有领域，每年发布上千个行业标准。得益于本身的专业性与严谨性，DIN有很高的威望，其中约90％的标准被欧洲及世界各国采用。正是DIN这样的机构，使德国成为技术创新领域的"标准制定者"，这大大夯实了德国创新的领先地位。

其次，建立公平的质量认证、监督体系。DIN的行业标准以及ISO的标准只有有效执行，才能确保产业质量，因此，标准执行的监督、认证水平至关重要。为避免政府效率低下、寻租空间或者企业垄断，德国创建了南德技术、北德技术和莱茵技术三大监督公司，它们实行独立于政府和行业以外的自主经营，这样既有效协调了本土企业间的竞争，又确保了监督的公平、公正，有效地保障了"德国制造"的质量。

三、培育高素质人才大军

除了持续的投入、完善的制度保证，创新更离不开高素质的人才。而德国的人才培养思路，非常值得我国借鉴。

首先，重视大学教育，但更加重视技术工人培养。除了欧洲一流大学教育培养出来的一流创新人才之外，德国非常重视一线技术工人的素质。因为在很多情况下，创新是发生在一线车间里面，发生在生产过程中。从某种意义上讲，支撑"德国制造"领先地位的，可能不是大学教授们的理论成果，而是车间高素质技术人员持续的"工艺改造"。

其次，理论与实践统一的"双轨制"职业教育。重视学校和企业职业教育在培养技术工人方面的分工与合作，使技术工人理论与实践俱佳，提高教学质量。其中，学校负责传授理论知识，费用由国家承担；企业提供到一线实习和培训机会，费用由企业负责。据统计，约70%的青少年在中学毕业后就能接受双轨制职业教育，他们每周有3天、4天在企业实践锻炼，1天、2天在学校进行专业理论学习。目前在德国可以参加的培训职业多达350多种。

四、文化造就创新强国

德国、日本的创新文化。德国成为世界上的创新大国，与德意志民族的文化传承息息相关。标准主义、完美主义、精准主义、守序主义、专注主义、实用主义和信用主义，这些看似严谨的作风却孕育着创新的火花和思想。

日本，至少20世纪的日本，之所以成为世界上的创新大国，跟他们的"学习模仿精神"和"工匠心态"密不可分。一方面，日本以山寨、学习起家。日本明治维新之前全盘照搬中国的政治经济科技文化，而其后，开始全面向更现代的西方学习。另一方面，在学习之余，也会在模仿之中，潜心提高产品的质量与性能，做到"二次创新"。

第三节　鼓励创新政策建议

——支持鼓励创新产品出口。贯彻国家自主创新战略，继续推进科技兴贸，鼓励高新技术产品和机电产品出口。通过中央外贸发展基金、电子发展基金、集成电路研发专项资金等，支持机电产品和高新技术产品研发、技改贷款贴息等。加强政策性信贷对机电产品出口的支持，推动大型及成套设备出口，鼓励高技术含量、高附加值机电产品和高新技术产品的出口。

　　——增强企业科技创新能力。引导企业以市场为目标，以创新能力和快速反应能力的提高为着眼点，通过业务流程再造和信息系统建设，以信息化技术改造传统的生产过程、营销过程和管理过程，加快对用户和市场反应速度，提高企业管理效率。推进产业各种生产要素优化整合，推动企业并购、重组、联合，促进行业优势企业做大做强。要认真总结我国企业管理的实践经验，形成一批值得推广的有中国特色的管理典型，同时引进消化吸收国际上先进的管理理论和运营模式，提高企业管理水平，增强企业参与国际竞争的能力。

　　——鼓励引导大企业开放型创新。经济全球化和跨国公司之间的竞争为技术追赶国家引进先进技术提供了全新的机遇。而在国内拥有相对资金、技术、管理优势的国有企业、国内行业领军企业应充当"技术引进代理人"角色，积极主动参与国际竞争，融入全球价值链。大型企业在与跨国公司进行技术合作的同时要切实提高引进技术的利用效率，实现引进吸收再创新的同时走出"市场换技术"、"引进—落后—再引进"的恶性循环。

　　——扶植小企业技术创新。从国际上看，中小企业已经成为技术创新的生力军。目前中国65％的发明专利、80％以上的新产品开发由中小企业完成。但从总体看，政府对中小企业的财政支持不足，中小企业技术创新所需的技术、设备、人才、信息缺乏，大部分中小企业在技术、设备、人才、信息等方面不具备优势，严重制约企业的技术创新。

　　——促进传统劳动密集型产业技术创新。我国传统产业尤其是劳动密集型产业占据经济较大的份额。而传统产业的技术创新是转变经济发展方式调整产业结构浪潮中企业生存和发展的关键所在，要通过强化技术、装备创新和管理创新，加快用高新技术改造传统劳动密集型产品工艺技术，不断开发绿色环保和生态型新产品，推进劳动密集型产业科技进步和产业升级，实现产业的可持续发展。

第五篇

外贸发展战略转型——提高效益

第十三章 经 济 效 益

中国正处于社会改革与经济转型的关键时期，经济已经由高速增长转向中速增长阶段，高耗能、高污染、低收益的粗放型经济发展模式将逐步被精细化、内涵式的发展模式所替代。这意味着，外贸发展的生存环境、自身的生产方式也在悄然发生变化，以往依靠粗放型的要素驱动、资本驱动实现外贸"数量增长"的时代已经结束，逐步进入到以构建品牌、营销网络提高外贸"质量效益"的新阶段。未来一段时期，我国对外贸易在保持合理增长速度的同时，应把着力点转移到提升综合效益上来的同时，外贸发展更应该注重提高其经济效益、环境效益、社会效益等综合效益。

第一节　全球价值链低端获利微薄

一、全球价值链各环节

全球价值链是为实现商品或服务的价值而连接研发、生产、销售、回收处理等过程的全球性跨企业网络组织。在经济全球化的背景下，随着产业转移的规模和程度进一步升级，跨国公司在全球范围内配置资源，信息技术革命推动了国际分工的细化，全球价值链进一步升级，形成了以垂直专业化和产品贸易为特征的全球生产网络。全球价值链主要由三个环节组成：

一是研发设计，包括研发、创意设计、提高生产加工技术、技术培训等环节。

二是加工制造，包括采购、系统生产、终端加工、测试、质量控制、包装和库存管理等分工环节。

三是营销服务，包括销售后勤，批发及零售，品牌推广及售后服务等分工环节。

当国际分工深化为增值过程在各国间的分工后，传统产业结构的国际梯度转移也因此演变为增值环节的梯度转移。就增值能力而言，以上三个环节呈现由高向低再转向高的 U 形状，或称为"微笑曲线"。

在价值增值链的"微笑曲线"上，处于两端的研发与服务的附加值水平相对较高，处于中间的加工制造环节附加值水平相对较低。伴随着以信息化、自动化为特征的第三次科技革命和第三次产业转移，加工组装环节的标准化程度越来越高，诸多新兴国家在获得跨国公司技术、投资之后也迅速提高了加工组装能力，这导致加工、组装环节的可替代性进一步增强，竞争加剧，该环节的附加值进一步下降。

同时，加工制造环节中又可区分为上游的关键零部件生产与设计，以及下游的加工生产。其中关键零部件的生产与设计，因其与技术研究的相关性强，主要是资金密集型和技术密集型产品，部分细分市场能够形成技术垄断，因此该环节增值能力就强；接近于下游的加工生产因其与技术研究的相关性弱，主要是劳动密集型产品，角色易被替代，因此增值能力相对有限。

以苹果公司为例，在微笑曲线价值链的前后两端，包括产品设计、软件开发、产品销售、品牌营销、售后服务都被苹果公司紧紧攥在手中，因此苹果公司占据了每台 iPhone 手机约 58.5％的利润。在生产制造环节，各国因制造业水平的不同处于不同的增值地位。iPhone4 的关键零部件由美国、韩国、日本、中国台湾等较为发达的经济体生产，再运至中国大陆的富士康公司进行组装，最后出口至美国和世界其他地区。生产部分核心元器件的韩国日本等国家占据 10％的利润。对于中国大陆而言，由于在整个 iPhone4 的生产制造过程中，只有 45％的触摸屏制造和最终组装的环节被安排在中国大陆进行，其价值增值仅占总制造成本的 5.87％，其中组装费用仅占生产制造成本的 3.37％，获得的利润仅仅占到整机利润的 1.8％。

表 13-1 Iphone 生产制造增值分解图

零部件	所在地	成本（美元）
快闪、DRAM	韩国	51.55
基带、收发器	中国台湾	14.05
SAW 模块	日本	0.50

零部件	所在地	成本（美元）
PAM	美国	5.00
触摸屏控制	美国	1.23
触摸屏	中国大陆、中国台湾	10.00
电源管理	中国台湾	2.03
GPS、声卡	美国	2.9
wifi、蓝牙	美国	7.8
电子罗盘	日本	0.70
加速器、陀螺	意大利	3.25
相机配件	美国	9.75
显示屏	韩国	28.50
相机镜头	中国台湾	1.00
存储器	美国	2.7
电池、工业制品、其他	未知国家	46.55
组装	中国大陆	6.54
总计		194.05

数据来源： iSuppli 定期公布的 iPhone's BOM

二、我国仍处于全球价值链中低端

目前我国仍处于国际分工的低端，加工贸易增值程度不高，整体附加值的增长比较缓慢。我国的加工贸易进口市场，主要依赖于日本以及中国台湾、东盟等新兴工业化国家（地区）；而加工贸易出口市场，则主要依赖于美国和欧盟。我国加工贸易这一地区分布特征，充分说明我国在全球垂直专业化分工中的地位，仍然为劳动密集型产品和资本、技术密集型产品中的劳动密集型生产环节。

贸易利益主要涉及企业在整个全球价值链上的地位和效益，以及未来技术形成的能力与能否从贸易竞争获得比较优势的能力，并形成对于未来产业主导的能力，从而实现企业持续发展。而当前的国际分工已经转变为产品的价值增值过程在全球的分配和转移，我国企业由于缺少核心技术而处于价值链低端。

日韩等国家为充分利用我国的低劳动力成本优势，而将生产环节转移到中国进行加工组装，但关键零部件却从本国进口，经加工组装后出口到欧美等国，从而将核心技术和市场开拓所赚取的大部分利润掌握在自己手中；而我国只能承接低端环节，附加值较低，我国获得的贸易利益很小，即使是高新技术产品也不例外。

中美两国在全球价值链中分别处于低端和高端。美国《福布斯》杂志曾刊文指出，美国产品在价值链中保持领先地位，美国为本地消费者以及世界各国制造具有高质量的高科技产品。而中国从事加工制造的"低环嵌入"企业收益所占份额通常不超过销售收入的10%。以芭比娃娃为例，美国市场上流行的芭比娃娃是由中国苏州企业贴牌生产的。这个娃娃在美国市场的价格是10美元，但在中国离岸价只有2美元。这还不是最终利润，其中1美元是管理费；剩下1美元中0.65美元用于支付来料费用，最后剩下0.35美元才是中国企业所得。美国《华盛顿邮报》2007年8月26日报道：近2/3的中国出口商品是由外资企业（主要来自日本和美国）作为外国品牌生产的。

2000—2012年，我国进口商品价格整体提升68%，相比之下，我国出口商品价格仅仅上涨21%，在绝大多数年份里，我国进口价格涨幅明显高过出口价格增幅。2009年、2013年，我国出口价格甚至出现负增长，其中，2009年出口价格下降6%，2013年下跌0.7%。价格"出低进高"反映出我国货物贸易条件的持续恶化，同时，也是我国处于全球价值链中低端、缺乏商品定价权的必然结果。由此可见，提升我国出口的效益迫在眉睫。

第二节　占领电子商务先机

跨境电子商务成为这两年我国外贸发展的新亮点。据测算，2012年全国跨境电子商务交易额已超过2000亿美元，其中跨境电子商务零售出口突破150亿美元，较上年增长超过30%，远高于同期我国一般贸易增长水平。

发展跨境电子商务是我国外贸企业参与未来竞争的制高点，是推动贸易方式转型创新的重要措施。传统的外贸模式经过工厂、外贸公司、采购商、经销商等多个环节，产品利润大部分被中间商拿走。而外贸B2C通过网络把中国制造源源不断地销售给海外终端消费者，绕开了传统的中间贸易环节。同时，通过在全球优化配置资源，占据价值链高端。外贸 B2C，对于中国出口自主品牌的构建，是重要的契机。

第一，虽然我国部分产业的竞争优势正在被越南等东南亚国家蚕食，但是我国的产业配套、产业集聚等核心优势仍然存在，中国制造的种类、性价比优势依然明显。依托强大的中国制造优势，我国数目众多的中小生产厂商开始构建外贸新渠道，而网络 B2C 成为最好的选择。全新的渠道成为构建新品牌的重要契机。

第二，在外贸电子商务领域，中国的发展水平已经不知不觉走在了世界的前列。中国快速兴起的以网络方式高效出口的外贸电子商务服务模式，在包括发达国家在内的大部分国家仍然不存在。发达国家由于传统销售渠道、品牌优势的健全，容易形成对传统模式的"路径依赖"。作为新兴国家，我国在外贸电子商务这块新兴领域更容易摆脱传统模式，所谓"光脚的不怕穿鞋的"，而外贸电子商务发展的优势很容易转变成为品牌构建的优势。

第三，受金融危机、经济周期性影响，西方发达国家普通消费者的价格敏感程度越来越高，更多的人选择通过网络筛选物美价廉的产品，而规避了大量中间环节、直接面向消费终端的外贸 B2C 在价格方面具备非常明显的优势。

与此同时，新兴市场对中国商品的采购需求非常强烈，其中俄罗斯、巴西等市场增速迅猛，东南亚、拉丁美洲、非洲等第二梯队市场初现端倪。不同于发达国家，这些国家缺乏高效、富有选择的零售渠道，面临着终端市场供给种类匮乏、样式落后、价格昂贵的缺点，因而网络购物的出现大大填补了这块空白。从某种意义上讲，新兴国家很有可能直接跳过当前在发达国家已经发展成熟的传统零售模式，直接跨越到以电子商务为主的零售模式。

不管是发达国家还是新兴国家，网络终端销售的迅速发展为品牌建设提供了重要的机会。由于网络零售不同于传统的零售渠道，因而全新的渠道也形成了品牌的真空，在这方面，对我们构建网络品牌，是绝佳的机遇。

第四，网络直销模式直接面对终端消费者，在接受消费者反馈方面拥有得天独厚的优势。世界各地消费者的留言，通过产品评论直接反馈给商家，这对于我国企业了解市场动态、提高反应速度、完善服务提供了绝佳的机会。

而以上诸方面的提升，无疑对于构建品牌具有积极作用。

——大力发展"跨境通"等跨境贸易电子商务新模式，充分发挥自贸试验区的先试先行效应和溢出效应，推动更多自贸试验区内的跨境电子商务，形成创新业态和商业模式。

——鼓励电子商务企业加速转型，以跨境贸易电子商务为着力点，促进电商向"云商"转型，推行产业内外联盟，推动企业的跨界联合。为企业开拓市场、降低成本、提高消费者便利程度创造条件，促进产业结构优化调整和外贸发展方式的转变。

第三节　构建国际一流品牌

在全球品牌集团 Interbrand 发布的 2012 全球品牌价值排行榜中，可口可乐、苹果和 IBM 位列三甲，其中可口可乐以高达 778 亿美元的品牌价值连续第十三年拔得头筹。可口可乐的创始人艾萨坎德勒曾经说过：即使全世界的可口可乐工厂在一夜间被烧毁，他也可以在第二天让所有工厂得到重建，这背后反映了可口可乐骄人的成绩和巨大的品牌价值。品牌包含了多年品牌建设的成本投入与获益，体现了企业的市场价值，并折现了未来的盈利能力，是企业无形资产的重要构成。良好的品牌可使产品或服务乃至企业的附加值、无形资产实现乘数效应，甚至是几何级增长，知名品牌产品比同类产品在市场和价格上占据巨大的优势，甚至可以产生垄断效益。

然而，目前我国出口商品有很大一部分为贴牌生产，企业没有自主品牌，难以获取品牌的增值收益。一些有品牌的企业，商品的品牌价值远低于国外知名品牌。即使在中国市场内，对于中国品牌的评价也低于欧美日的品牌。目前，在世界知名品牌中，我国产品的品牌寥寥无几，几乎没有占领发达国家市场的知名品牌。

中国企业的品牌塑造面临三重困境，一是中国企业品牌意识不足，打造品牌的能力不够；二是中国企业品牌难以打入国际市场，难以与具有悠久历史的大国际品牌抗衡；三是打入国际市场的中国品牌受到恶意打击，一些国际金融机构利用中国品牌进行资本炒作等。政府和企业需要共同努力，提升中国品牌的竞争力。

——规范出口秩序，优化出口经营主体结构，为自主品牌企业发展营造公平竞争环境，推进传统产业品牌升级，做大做强品牌，形成一批具有较强国际竞争力的品牌。建立健全外贸品牌保护机制，加强对名牌的保护政策，严厉打击假冒名优产品等违法行为，营造品牌发展良好环境。建立企业出口自有品牌商品、名牌商品的激励机制，增强企业品牌建设的动力。

——推动有条件的地区、行业和企业建立品牌设计、营销、推广中心，重点扶持和鼓励企业自主研发拥有核心技术的品牌产品。鼓励各行业、重点区域通过建立并发挥产业创新公共服务平台的作用，创建行业性、区域性公共品牌；鼓励支持企业积极开展境内外商标注册，进行国际通行的质量管理体系、环境管理体系认证。

——加大拥有自主品牌产品、商标境外注册等的资助力度，支持品牌企业技术研发、在国外进行商品展示、广告宣传等推介活动。逐步建立和完善出口机电产品品牌和自主知识产权产品统计制度。加大对外贸品牌建设金融支持建立与完善扶持品牌出口的政策支持与激励机制。通过外贸发展基金等重点扶持自主知识产权和自主品牌产品出口。

提高金融服务体系对品牌建设的支持力度。

——健全中小企业融资担保体系。利用外贸企业的应收账款为担保，提高企业资金周转速度。据统计，应收账款占外贸企业特别是中小型外贸企业 $50\%\sim60\%$ 的资产规模，若能盘活应收账款，将为中小企业融资难的解决提供很好的途径。同时创造宽松环境，鼓励企业之间通过资本联合组建新的担保公司以及行业协会组成的互助担保公司，多形式、多渠道地为企业提供更多的融资服务。

——促进商业银行深化改革。在立足防范金融风险的前提下，适当放宽对劳动密集型中小企业流动资金贷款审批权限，调整信誉评价标准和风险评估标准，确定合理的授信额度，给基层行适当的信贷调控余地，增强贷款业务的主动性。进一步简化审批环节，创新管理机制和业务品种，适当调整再贴现、再贷款额度，增强对劳动密集型中小企业的支持能力，实现银企良性互动，互利共赢。

——积极探索开发民间信贷机构，积极引导民间金融的发展，允许民间成立合规的贷款组织，这也是解决中小企业贷款难的有效途径。据中国民（私）营经济研究会在浙江省台州市做的调查，台州的民营经济发展快的一个重要原因就是台州有三家区域性民间商业银行，分别是台州商业银行、浙江泰隆商业银行和浙江民泰商业银行，他们摒弃了过去强调抵押物的做法，在对客户经营活动现金流量分析的基础上，结合客户诚信状况和经营能力情况综合审批贷款额度，从而有效地突破了小企业融资难的瓶颈。这些银行有效地聚集了社会闲散资金，提高了储蓄率，同时，也有效地挤压了民间地下非法借贷的生存空间，规范了金融市场秩序。

——为中小型外贸企业进入直接融资市场创造条件。逐步引导企业通过股份制、股份合作制、兼并收购及公司上市的形式筹集资金，探索集信贷、融资、租赁于一身的租赁融资等新的融资手段，进一步拓宽企业的融资渠道。

第十四章 政治社会效益

第一节 生态效益——提高外贸"绿色化"程度

一、粗放型"两高一资"环境代价大

在我国出口中，资源消耗高、环境污染严重的产品比重比较高。据统计，2007 年中国出口产品的二氧化碳排放量占总排放的 50%，净出口产品（扣除进口产品在国外排放）占总排放的 30%。同时，出口产品的二氧化硫排放占总排放的 46%，净出口占 25%。出口产品的化学耗氧量占全国总排放的 40%，净出口占 20%。由此可见，我国强大的加工制造部门虽然创造了巨大"顺差"，但是生态保护方面却是"逆差"。换句话说，我们以破坏国内环境为代价，换来了出口的快速增长。

大气污染、水污染和固体废弃物污染、土壤重金属污染在某些区域仍相当严重。在 700 条主要河流中，受污染的河长占评价河长的 46.5%。其中，淮河、黄河、海河的水质最差，均有 70% 的河段受到污染。在 131 个大中型湖泊中，有 89 个湖泊被污染，有 67 个湖水水体为富营养化程度。

环境污染损失包括两类：一类是"财产性损失"，或者直接经济损失。例如企业的污水处理成本、农渔业的收成损失，包括部分生态损失。另一类是"健康损失"，这关系到人民群众的生活质量和切身利益，而这些损失很多时候是不能用金钱衡量的。

20 世纪八九十年代，世界银行、原国家环保总局以及一些科研单位曾经做过研究发现，环境污染造成的损失占中国国内生产总值的比重约为 4%，间接损失达到 11% 左右。2011 年，全国政协人口资源环境委员会副主任、原国家环保总局副局长王玉庆认为，目前环境损失占中国国内生产总值的比重可

能达到5%～6%。2011年中国国内生产总值为47万亿元，据此折算，环境污染造成损失将达到2.35万亿元至2.82万亿元。

二、能源利用率低影响我国能源战略安全

中国成为世界最大的能源消耗国之一，能源对外依赖程度非常高。2011年，我国石油消费量为4.45亿吨，进口2.54亿吨，对外依存度达到56.7%。目前，我国近一半的石油从中东地区进口，基本上全部依靠海运运输，要穿过局势不稳的霍尔木兹海峡、马六甲海峡，以及美国、印度控制的印度洋，我国海军又没有绝对的实力保障运输路线的安全，并且国际油价波动频繁，给我国经济带来很大不确定性。

我国天然气消费量达到1307亿立方米，进口量大幅攀升至310亿立方米，对外依存度将近24%。目前我国建设的中缅、中俄、中哈输气管道，能够缓解天然气供应的缺口，但仍远远不能满足我国未来需求。我国煤炭消费量为37.3亿吨，占世界的一半以上。作为世界上煤炭产量第一大国，我国仍然净进口1.68亿吨。火电、钢铁、建材、化工和石油炼化五大煤炭下游行业制造的污染物排放量占全国工业的90%左右。由于热量比相对较小，空气污染明显高于其他能源，煤炭在西方国家逐步被淘汰，而我国仍然以煤炭为主要能源。

对于能源的过度依赖，往往将我国置于不利地位。除了价格受国际影响波动较大以外，对于我国的能源安全、战略安全也是一个非常大的挑战。

三、我国成为"绿色壁垒"受害国

所谓绿色壁垒，是现代国际贸易中商品进口国以保护人类健康和环境为名，通过颁布、实施严格的环保法规和苛刻的环保技术标准，以限制国外产品进口的贸易保护措施。绿色壁垒形成的原因，可以从以下两个方面看：

一方面，是出于保护环境的公益。全球气候变化引起全球绿色消费意识上涨，环境保护越来越引起全球各国的重视。2000年，联合国启动了旨在保护全球环境，促进可持续发展的"全球契约"计划。10年之后，2010年国际

标准化组织（ISO）进一步发布了《社会责任国际标准指南》（ISO26000）。截至 2011 年年末，已有 36 个国家将社会责任国际标准转化为国家标准。绿色制造成为各国重振传统制造业、培育和发展新兴产业的发力点。

世界主要发达国家经济体积极推进绿色计划，促进社会的可持续发展。例如，一贯高度重视环保问题的欧盟通过了"第 7 框架计划"，设立了"未来工厂"重大项目，开展新型生态工厂的设立推广，以及绿色产品研发是其中的重要内容。美国政府提出了可持续制造促进计划（Sustainable Manufacturing Initiative，SMI），并出台了可持续制造度量标准。日本公布了《绿色革命与社会变革》的政策草案，提出到 2015 年将环境产业打造成日本重要的支柱产业和经济增长核心驱动力量。与此同时，金砖国家等新兴经济体也纷纷出台了，旨在促进本国产业绿色化、经济社会可持续发展的法律、法规。气候变化问题成为国际合作的新焦点、新领域，全球消费市场绿色环保意识日益增强。

另一方面，则是出于贸易保护主义的私利。随着经济全球化的不断加深，中国等新兴大国的产业竞争能力不断上升，经济实力的增长速度远远超过了发达国家最初的预期。为了遏制新兴大国的崛起，同时为了保护本国产业和市场，发达国家纷纷利用世界贸易组织《贸易技术壁垒协议》中关于"不得阻止任何国家采取必要的措施保护人类、保护环境"的条款，在环境保护上大做文章，通过颁布实施严格的环保法规和相对苛刻的环保技术标准，设置贸易障碍。

这些年来，我国遭受的绿色壁垒越来越多。其中，以欧盟为甚。2012 年，欧盟开始对包括中国 33 家航空公司在内的所有起降欧盟机场的航空公司，强制征收国际航空碳排放费（即航空"碳税"）。在当前条件下，欧盟急于单方面开征航空"碳税"，其实质上就是设立一种"绿色壁垒"，是以环保的名义强取他国产业的利益。

2011 年，欧盟开始实施更加严格的玩具安全标准，要求所有进入欧盟市场的玩具，必须贴附 CE 标识，制造商在取得该标识前必须进行一套严格的安全评估。同时，对玩具生产材料特定重金属的限制，从 8 种增加到 19 种，首次禁用或限用 66 种致敏性芳香剂，并对生产玩具广泛使用的 15 种邻苯二甲酸盐表示高度关注。2012 年，欧盟轮胎标签法规强制实行，不达标者无法进入欧盟市场销售。

最近几年，欧盟相继制定了机床环境评价与能效检测标准（ISO/TC39/WG12）、非道路用柴油机排放标准 EU StageⅢA 及ⅢB、家电产品有毒有害物质（ROHS）、回收（WEEE）、能效（EuP）等指令，欧盟成为绿色壁垒设置最严重的市场。

当然，日本、美国等发达国家也不甘示弱。日本制定了环境保护法规及相应的标准，美国制定了电机、空调能效标准等，对我国机电产品出口都带来了严峻的挑战。

四、提高外贸环境效益政策建议

加工制造"绿色化"，是在保证产品的功能、质量、成本的前提下，综合考虑环境影响和资源效率，通过开展技术创新、工艺优化，使产品在设计、制造、物流、使用、回收、拆解与再利用等全生命周期过程中，对环境影响最小、资源能源利用率最高、人体健康与社会危害最小，并使企业经济效益与社会效益协调优化。

加工制造"绿色化"，一是适应保护生态环境，减轻资源承载，实现可持续发展的必然要求。二是跨越西方国家"绿色壁垒"的客观需要。三是升级加工制造业，提高加工制造业附加值的重要途径。随着全球消费者绿色消费意识的逐渐增强，消费者对由环保认证的产品越来越认可，也愿意支付更高的价格。同时，绿色制造本身也能大大节约原料、能源消耗，明显降低成本，提高效益。推动加工制造"绿色化"，可采取以下措施：

——加强绿色技术的创新与推广。只有实现了技术的创新，才能有效利用技术来提高绿色制造的效率与效益。其中，绿色产品设计最为关键。强化在产业规划、设计环节绿色制造的考量，那么整个流程的绿色化程度会事半功倍。同时，绿色工艺、循环利用技术、绿色制造基础数据研发、绿色制造技术规范与标准制定、绿色信息平台建设也是技术推广的重要方面。在技术研发过程中，企业应成为技术创新主体，同时鼓励高等院校与科研院所参加，通过"项目—人才—基地"的合作模式，形成产学研相结合的有效机制。尽快将研发成果应用到产业中去，加快绿色技术的推广。

——提升和改良传统加工制造能效。围绕具有广泛带动作用的产品与行业，提升我国制造业的绿色产品设计、绿色工艺等技术水平，提高设备与产品的绿色化性能，研发节能减排核心技术，推进清洁生产和精细化能效管理，实现我国制造业绿色化改造。通过应用工程实施与产业示范，推动我国制造业节能减排，实现循环经济发展目标。

——对东南亚国家的产业有序转移。东南亚以及南亚部分国家就业人口多、就业压力大、劳动力相对便宜，环境承载压力相对较小。我国部分产业应在保护好当地环境的条件下加大往这些国家产业转移，抢占第五次产业转移的先机。

第二节　国际影响力效益——赢得国际贸易规则主导权

在全球经济外交中，围绕国际贸易主导权和规则制定权的博弈日趋激烈。作为长久以来国际经济秩序的"规则制定者"，发达国家一直享受相当程度的"规则红利"。虽然今天，以中国为代表的新兴国家迅速崛起，发展中国家加大国民生产总值首度超越了传统的发达国家，但是中国、印度和巴西等新兴大国在国际货币基金组织的投票权仍远低于他们对全球经济的贡献。金融危机以来，面对新兴大国的群体性崛起，作为当前全球化经济游戏规则的受益者的发达国家表现得更加渴望"守成"，一心要继续掌控国际经济治理，确保国际贸易规则符合西方利益。而新兴和发展经济体则希望获得与其贡献相匹配的更多规则制定权和话语权，以利于进一步融入全球市场。

以目前美国正在大力推广的 TPP 和 TTIP 谈判为例，这两大谈判是全球现有标准最高的自贸区谈判，业界普遍认为可能引领未来国际贸易投资规则走向。为了在谈判中占据主动，美国等国家利用当前的国际影响力，试图在目前的经济秩序之外建立一个更有利于美国利益的国际经济新秩序，并刻意将中国等新兴大国排除在外。新加坡《海峡时报》指出："当前有关 TPP 的谈判，体现了美国在投资、竞争政策、劳动标准、政府采购和知识产权等方面的利益。"

在更高层次、更广范围的新一轮全球化浪潮袭来的背景下，我国更应该主动加入到新一轮的游戏规则制定中去。如果不去除国际经济秩序中不合理、不公正因素，不能在国际经济新秩序制定中充当与我国地位相符的角色，将影响我国进一步对外开放的进程。

——加快自贸区建设，实现以开放促改革，提高参与更广范围、更高程度区域合作的能力。自贸区建设要以开放促改革，更加注重自贸试验区对全市乃至全国的桥接、波及和溢出放大效应。上海自贸试验区其立足点并不是为局部地区发展实施特殊政策，而是要按国家"加快提升开放型经济水平"总体战略，积极探索各领域制度改革，形成可复制、可推广的经验，通过先行试点，为国家在更大范围、更高层次上进行制度完善做出贡献。

——高度重视与世贸组织等多边机构的合作，主动参与最新贸易规则修改、制定进程。推动增加值核算贸易统计方式，反映国际贸易失衡真实情况，减少我国贸易顺差压力。

——积极参与区域贸易合作，强化于同处于国际贸易规则不利地位的发展中国家合作，通过有效引导，共同参与国际规则制定，维护发展中国家整体利益。

一、积极应对贸易摩擦

随着外贸规模的不断扩大，中国与发展中国家在劳动密集型产品方面争夺国际市场份额的竞争日益明显。竞争导致的结果就是中国面对的贸易摩擦增多，贸易顺差持续保持较高水平的中国成为贸易保护主义的最大受害国。1995—2012年期间，在世界各国发起的反倾销、反补贴案件中，中国持续多年居全球首位。国际金融危机爆发之后，中国遭受贸易保护主义进一步加剧。根据世界贸易组织的数据，2012年中国遭受的发起反倾销调查和实施反倾销分别占全球的28.8%和29.1%，遭受的发起反补贴和实施反补贴分别占全球的43.5%和80%。2012年全球共实施反补贴案件10起，其中8起是针对中国。2013年，中国共遭遇92起贸易摩擦。预计2014年将超过100起，贸易摩擦已经成为中国企业出口的主要风险之一。

二、主要政策措施

——健全贸易运行监测预警系统。建立共享数据平台，整合各类数据资源，建立健全行业运行和产品出口的监测预警体系，为企业提供客观、全面、及时的信息服务。密切关注国外设限动向，积极与调查国家或地区进行交涉，运用包括世贸规则在内的各种国际通行规则，最大限度地保障我国出口企业在贸易摩擦中的权益。

——增强应对贸易争端能力。加强对反倾销、反补贴和保障措施的磋商和应诉。加大对外经贸交涉力度，维护企业的合法权益。建立大宗商品进出口协调机制。通过国家引导、行业协调等方式，支持主要进出口企业加强合作、联合谈判，建立大宗商品进出口协调机制。完善对国内产业的贸易救济制度。充分利用WTO相关规则，积极应对我国产业安全面临的外来风险。提高贸易救济案件的调查和裁决水平。

——加强国际贸易的多双边对话与合作，实现共同发展。建立统一、协调的多双边反应机制，制定全面、科学、长期、有效的应对战略，积极营造有利于各国共同发展的公平、和谐、开放的国际经济环境，加强多双边对话与合作，妥善处理各种贸易摩擦，维护多双边贸易秩序，促进贸易健康发展，有效保护国家和企业利益。

——有效运用技术性贸易措施，加强进出口检验检疫和疫情监控。完善环境、安全和质量标准体系。在农业、高科技产业、服务业等领域建立和完善技术性贸易措施。在技术标准化、认证认可、商品质量检验等方面加强国际合作。完善进出口管制政策，依法禁止、限制涉及国家安全和社会公共利益的产品和技术进出口。

第三节　社会效益——持续增加劳动者收入

一、总体要求和目标

全面贯彻落实《劳动法》等劳动保障法律、法规和规章，通过科学确定

工资标准，规范社会保险费征缴，完善出口成本构成，增加劳动者特别是农民工的收入。（见表 14-1、表 14-2）

表 14-1　各国劳动生产率增长速度

国家	2003—2007 年	2008—2012 年	2012 年劳动生产率占与美国（％）
中国	11.8	8.8	17
印度	6.4	5.1	10
俄罗斯	6.8	5	35
巴西	1.4	1.2	18
韩国	3	1.9	61
美国	1.5	1.3	100
墨西哥	1.5	0.1	34
日本	1.6	0.3	71
法国	1.4	0.1	34
德国	1.5	−0.1	74
英国	2.2	−0.4	18
意大利	0.3	−1	73
西班牙	−0.2	2.1	75
希腊	2.2	−1.8	60

数据来源：经济学人杂志

表 14-2　2006—2011 年部分国家平均工资增长情况

国家＼年份	2006	2007	2008	2009	2010	2011
韩国	3.4	2.9	−1.5	−3.3	3.0	−1.7
中国	12.9	13.4	10.7	12.6	9.8	11.2
巴西	4.0	3.2	3.4	3.2	3.8	2.7
墨西哥	1.6	1.5	0.2	−1.0	−0.9	0.8
德国	−1.0	−0.8	−0.5	−0.6	1.0	0.8
日本	−0.2	−0.1	−1.9	−1.9	2.3	1.1
美国			−1.1	1.5	0.7	−0.2
马来西亚	0.0	3.2	−3.2	0.0	4.0	3.9
菲律宾	0.5	−1.0	−4.3	1.0	1.6	−0.8
印度	−2.1	−2.3	−1.6	−2.5	2.1	−4.0
泰国	1.5	0.7	4.5	−1.6	3.2	3.3

数据来源：国际劳工组织世界工资报告（2012/2013）

二、主要政策措施

——全面贯彻落实《劳动法》等劳动保障法律、法规和规章。进一步完善劳动合同制度和职工社会保险制度，加强劳动保障监察执法，保护劳动者特别是女职工和未成年工的合法权益。

——通过加快劳动工资、社会保险立法，科学确定工资标准，规范社会保险费征缴，完善出口成本构成，增加劳动者特别是农民工的收入，以利于扩大国内消费需求。

——认真跟踪社会责任标准研究，并择机提出相应对策。社会责任标准是由社会责任国际发起并联合欧美部分跨国公司和国际组织制定的，以保护劳动环境和条件、劳工权利等为主要内容的新兴的管理标准体系。它是继ISO9000、ISO14000之后出现的又一个重要的国际性认证标准。美国、意大利等国则正酝酿将中国纺织服装、玩具、鞋类生产企业通过SA8000认证作为其选择供应商的依据。国际标准化组织正在研究ISO26000，社会责任标准这一新的贸易壁垒对我国出口的负面影响仅仅是开始，其对我国经济贸易的全面影响将是巨大的。我国要认真跟踪研究，并择机提出相应对策。

——充分发挥行业组织在政府与企业之间的桥梁作用。行业协会是企业之间的桥梁和纽带，它有利于加强行业自律，规范行业秩序，避免无序竞争和盲目发展。发达国家的行业协会，对行业内利益的协调和维护能力非常强。而在我国，行业协会由于缺少足够的权威、认同度和协调能力，无法在抑制恶性竞争方面发挥有效作用。有关部门应加快行业协会改革力度，将一些政府管理企业的职能移交给行业协会，充分发挥行业组织在政府与企业之间的桥梁作用，加强行业组织的服务与自律，规范企业行为，保障劳动者合法权益，避免行业内的恶性竞争；政府部门要支持行业组织积极开展民间外交，建立与各国同行间的合作伙伴关系及民间对话机制。

第四节　推进内外贸一体化

一、促进内外贸一体化

随着中国对外开放水平的提升，促进内外贸易一体化，形成统一的国内大市场，加速要素流动，以减少对外贸竞争力的影响。内外贸一体化不是单一的指外贸企业做内贸，也包括内贸企业"走出去"。通过促进内外贸一体化，立足大流通、大市场、大贸易，形成全球意识，消除内外贸之间的隔阂，为企业创造更加公平的市场环境成为进一步提高外贸效益的重要方面。从目前看，促进内外贸一体化具有重要意义。

一是有利于促进和推动国内市场价格机制的完善。只有加快内外贸一体化进程，才能充分引进国际竞争，有效地脱离国内市场地方保护、行业保护的弊端，减轻国内市场扭曲程度，提高市场对国内资源的配置作用。以大宗商品为例，只有不断地促进国内商品市场价格与国际市场价格的对接和联动，才能使大宗商品国内的资源价格配置与国际接轨，有利于国内企业按照国际要素价格配置自身资源，倒逼国内企业结构调整，从长期看有利于中国企业参与国际竞争。

二是有利于促进国内市场平衡。随着国内对生产资料和消费资料需求的不断上升，部分市场资源存在紧缩趋势，通过统筹利用国内外两个市场和两种资源，发挥进出口调节供求的作用，增加短缺商品进口，发挥国内产能供给优势扩大出口，满足国内外市场需求。以国内紧缺的部分农产品为例，通过有效利用国外市场，有效保障了国内经济发展需要和居民消费的需求。

三是有利于提高国际贸易定价权。在 GDP 至上的考核标准下，部分地方政府仅站在自身的利益角度而非国家层面考虑问题，导致国内地方保护主义盛行，难以形成国内的统一价格，最终的结果是"中国大市场悖论"，即我国往往作为全球战略性资源产品的最大卖家或买家，却在贸易中没有定价话语权，无法获得与其市场份额相匹配的利益，反而要承担国际市场投机涨价的风险。

四是有利于改善居民消费。国内外市场的融合发展，最大限度地满足了居民日益提升的消费需求，让更多的消费者能够在第一时间享受到与国际市场同步的新产品和新服务。同时，中国消费者在国际市场上也释放出了巨大的消费需求，为海外相关国家创造更多市场机遇和就业机会。

五是有利于提升流通产业发展水平。通过引进国际资本、流通信息技术、管理经营经验等，促进了现代流通方式和新型业态的发展。比如沃尔玛、麦德龙、家乐福等一大批跨国流通企业集团以及麦当劳、肯德基等国际餐饮品牌均已进入中国，在自身快速发展的同时，也促进了国内市场竞争机制的完善，带动提升了流通行业整体发展水平。

二、政策建议

——政府放权，明确权力清单。除了为企业搭建平台以外，应尽量减少对市场干预，将"看不见的干预之手"拿开，真正发挥市场的决定性作用，加速要素市场的市场化改革进程。

——破除省际、区际间贸易壁垒，破除地方保护主义，扫清省际、城乡间的各种壁垒。在全国范围内建立公平、规范的平台，让企业充分竞争来形成真正的市场价格。

——完善我国战略性产品的价格联盟机制，并在国内主要生产地区或集散地建立现货交易所，以提高行业集中度，防止无序竞争，提高国际市场话语权。

——加快和完善物流基础设施建设，实现地区与地区之间交易平台的无缝对接。清除不同省际的物流关卡，借助科技手段搭建与平台对接的物流网和信息网，以降低流通成本，促进物流配送、网络购物的发展。鼓励流通企业通过收购、兼并、联合等方式整合外贸进出口公司、中小加工贸易企业，形成有实力的内外贸一体化流通企业集团。

第十五章 加工贸易转型升级

第一节 加工贸易方式

一、我国加工贸易的具体方式

加工贸易是指从境外进口全部或部分原辅材料、零部件、元器件、包装物料（下称"进口料件"），经境内企业加工或装配后，将制成品复出口的经营活动。从总体上看，加工贸易具体有以下几种形式。

第一种形式：客商提供所需的原材料、辅料、零部件、元器件，我国企业按客商的要求进行加工装配，成品交外商，我方只收取工缴费。

第二种形式：外商除提供所需的原材料、辅料、零部件、元器件外，还免费提供机器、设备，我方按外商的要求进行加工装配，成品交外商，我方只收取工缴费。待加工装配合约到期后，客商免费提供的全部或部分机器、设备或归还给外商，或按合同规定解决。

第三种形式：外商提供所需的原材料、辅料、零部件、元器件，作价提供机器、设备，我方按客商的要求进行加工装配，成品交客商。我方用赚取的工缴费分期分批偿还客商所提供的机器设备，在机器设备的价款偿还完毕后归我方所有。

第四种形式：外商提供加工装配的原材料、零部件、元器件，我方除提供厂房、机器设备、水电、劳动力外，还提供加工装配所必须的辅料或辅助零部件、辅助元器件，并按外商的要求加工装配，成品交客商，我国加工装配工厂除收取工缴费外，所提供的辅助材料或零部件、元器件作价向客商收取。

第五种形式：外商委托我方企业代为购买加工装配所需的原材料、辅料、零部件、元器件，我方除向客商收取工缴费外，还要向客商收取为其代购的原材料、辅料、零部件、元器件的货款。

第六种形式：对口合同。即外商与我国外贸公司先签订一个作价卖给中方外贸公司原材料的出口合同，中方以远期信用证支付货款；然后双方再签订外商以其所提供的原材料加工为成品的进口合同，以即期信用证支付成品与原材料之间的差额，即我方在不动用外汇的情况下赚得工缴费。

第七种形式：在养殖业方面，外商提供种子、鱼苗及肥料、饲料，由国内企业进行种植、饲养，有时还进行加工，产品交外商销售，如养鳗鱼、淡水鱼、种植蔬菜等。这种做法，人们称为"来料种养"。

第八种形式：进料加工贸易方式。中方企业自己用外汇购买原材料、设备等，然后同外商签订销售合同，将所生产的成品全部销往海外。

二、来料加工与进料加工是我国加工贸易的主要方式

（一）来料加工

来料加工是指由外商提供原辅材料、元器件、零部件，由国内企业按照外商提出的规格质量和技术标准加工为成品或半成品，由外商自行在海外市场销售，并按双方议定的费用标准，向外商收取加工费（即"工缴费"）。我国加工贸易最初是以来料加工装配形式出现的。1978 年 7 月和 1979 年 9 月，国家先后颁布了《开展对外加工装配业务试行办法》和《发展对外加工装配和中小型补偿贸易的办法》。

来料加工主要是为了吸收外资，同时利用国内劳动力资源等方面的优势。在目前的来料加工实务中，比较普遍的做法是外商提供全部原料、辅料，元器件、零部件，由中方企业按照外商提出的规格、质量、技术标准加工为成品或半成品，提交外商在海外市场自行销售，并按照双方议定的费用标准向外商收取工缴费。

（二）进料加工

进料加工是指外贸公司或企业自行进口原材料、零部件、元器件，根据国际市场的需求，或自己的销售意图，加工或制造商品销往国外市场，赚取销售成品与进口原料之间的差价，使外汇增值。

加工贸易中的进料加工，也是随着吸收外商直接投资而迅速发展起来的。

1986 年 10 月，国家《关于鼓励外商投资的规定》和 1992 年 7 月海关总署《对外商投资企业进出口货物监管和征免税办法》，具体规定了以吸收外商直接投资为主要目的的加工贸易政策。进料加工的特点是外商投资企业的内资企业根据生产需要，进口原材料、加工制造出口产品并销售到国际市场，进出口货物由海关保税监管，享受减免进口环节税和免除进出口许可证配额等进出口管制的有关便利措施。

进料加工与来料加工的本质区别在于：

（1）原材料、零部件和产品的所有权不同。来料加工是由外商提供原材料、零部件、元器件，生产出来的产品所有权归外商所有。而进料加工，我国企业对原辅料以及加工出来的成品拥有所有权，完全根据自己的意图对外销售。

（2）我国外贸公司或企业所处的地位不同。在加工贸易业务中，外商与我国承接来料加工的公司或企业是委托与被委托关系；而在进料加工业务中，我国的外贸公司或企业完全是自主经营，与销售料件的外商和购买我成品的外商均是买卖关系。

（3）贸易性质不同。来料加工纯属加工贸易性质；而进料加工则是外贸公司或企业独立的对外的进口和出口业务，属于一般国际贸易的性质。

（4）产品的销售方式不同。在来料加工业务中，加工出来的产品由外商负责运出我国境外，自行销售；而进料加工业务中，进口原料的我方外贸公司要自己负责对外推销。

三、我国加工贸易政策的主要特点

在经济全球化趋势日益明显的背景下，为尽可能地降低产品生产成本、追求利润最大化，世界上很多产品（如美国的波音飞机等）均是经过跨国的生产环节制造完成的。因此，加工贸易是经济全球化背景下生产力要素资源跨国实现最优配置的一种客观选择。

但是，从世界各国制定的有关加工贸易政策来看，却与我国目前的加工贸易政策存在着很大的差别，绝大多数国家仅是对在海关特殊监管区域等封闭式管理的海关特殊监管区域内从事加工贸易的企业才给予进口料件的保税待遇；对于区外加工贸易，很多国家并没有制定特殊的优惠政策，均视为一般贸易进行税收征管，一些国家对于耗料标准容易核定产品的区外加工贸易也实行了进口关税和进口环节税"先征后退"的政策。但是，所有国家均把国家税收保障机制作为制定加工贸易政策的出发点和根本前提。

与世界绝大多数国家不同，我国实行了以开放式的"保税进口"为核心的加工贸易政策体系，即不限区域和几乎不限企业、不限商品地对加工贸易进口料件的进口环节税实行保税（实际上也就是免税）政策。应该说，制定这样一种极为优惠的加工贸易政策是与改革开放初期的特定历史条件分不开的。在改革开放初期，我国关税水平很高（1992 年我国平均关税税率水平高达 43%），如果对采用进口料件加工生产产品复出口的企业视同一般贸易企业进行税收管理，不仅将大大增加企业成本，而且将严重占压企业资金，这都将使这些企业在国际市场丧失竞争力；而建设国际上通行的封闭式管理的海关特殊监管区域对这些企业进行封闭式管理，在改革开放初期我国建设资金严重匮乏的情况下也根本无力做到。在这样的一种历史背景下，为发挥劳动力比较优势、抓住国际制造业转移的历史机遇，促进国内经济发展、扩大就业、吸引外资弥补国内建设资金缺口，我国制定了不同于世界上其他国家的、以开放式的"保税进口"为核心的加工贸易政策体系。这一政策由于对加工贸易企业进口料件的进口环节税实行保税（即对进口料件免除进口关税和增值税），有效地降低了利用来自境外原材料进行生产的加工贸易企业的生产成本，减少了企业资金占压，极大地提高了外贸企业的国际竞争力。

与此相对应，海关也对加工贸易实行单独的加工贸易监管与统计体系。

四、加工贸易发展历程

我国的加工贸易是伴随着改革开放的不断深化而逐步发展起来的。改革开放前，我国的对外贸易处于初级阶段，对外贸易方式单一，贸易方式也基本上只有两种：即对西方国家的现汇贸易和对苏联、东欧国家的记账贸易。

1978 年以来，随着外贸体制改革的深化，特别是下放外贸经营权的改革逐步扩展，贸易方式逐步向多样化、灵活化的方向发展，以不断适应我国经济发展的客观需要和国际贸易发展的趋势，我国的加工贸易就此应运而生并继而得到长足的发展。20多年来，我国加工贸易发展历程大致可以分为四个主要阶段。

（一）起步发展阶段（1978—1987年）

为了抓住以香港为代表的亚洲"四小龙"向外转移劳动密集型加工业的机遇，国务院决定由国家计委牵头，会同有关部门制定了开展来料加工业务的试行办法。1978年6月国家研究制定了对外来料加工装配业务的有关政策，1978年7月国务院颁布了关于《开展对外加工装配和中小型补偿贸易办法》。1978年8月，广东省签订了第一份毛纺织品的来料加工协议，在珠海创办了我国第一家加工贸易企业——珠海县香洲毛纺厂，我国加工贸易从此拉开了序幕。此后，广东等沿海地区通过一系列招商引资措施，吸引外资企业发展加工工业，来料加工工业就此起步。来料加工业务首先在广东、福建等省市开展起来。经过一年的实践，在总结各地经验的基础上，1979年9月，国务院正式颁发了关于《发展对外加工装配和中小型补偿贸易办法》，使来料加工业务作为利用外资、扩大出口的一种灵活贸易方式，在全国范围内迅速展开。我国开展加工贸易是国家在分析了我国经济发展和世界经济形势后所做出的决策。

1979年7月，中央批准广东、福建两省实行特殊政策和灵活措施，发挥其毗邻港澳地区和作为重要侨乡的地理优势，扩大外贸出口。同时，中央决定，借鉴一些国家和地区设立海关特殊监管区域、自由贸易区的成功经验，在广东和福建两省设立了深圳、珠海、汕头和厦门四个经济特区，在经济活动中实行特殊的管理政策和运行机制。深圳、珠海、汕头和厦门经济特区的设立，是我国对外开放的重大步骤，也是我国对外开放格局形成过程的历史性起点。我国加工贸易正是在这个时候开始的。由于广东具有毗邻香港的优越条件，加上国家对广东实行特殊政策、灵活措施，其来料加工业务发展迅猛，工缴费收入从1979年的1385万美元激增到1985年以后年均10亿美元以上。在1987年全国来料加工工缴费外汇收入中，广东省占75%，上海占5.9%，福建占5.9%，浙江占2.5%，北京占2.2%，5省市合计占91.5%。

据有关部门统计，到1987年年底，全国绝大多数省、自治区、直辖市都不同程度地开展了这项业务，加工厂近 3 万家，对外签订的来料加工合同 1986 年为 67762 份，1987 年为 84061 份。来料加工商品品种成倍增加，到 1987 年，已由最初的食品、纺织品等个别简单加工商品发展到有一定技术水平的机械设备、电子产品、家用电器、飞机零部件、服装、旅游鞋、箱包、首饰、玩具、小五金、工艺品、塑料制品等多样化产品。1980—1987 年，来料加工进出口从 13.3 亿美元增至 116.71 亿美元，年均增长 36.4％。在全国对外贸易中的比重由 1980 年的 3.4％上升到 1987 年的 14.1％。（见图 15-1）

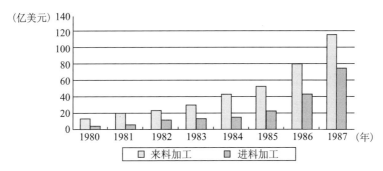

图 15-1 1980—1987 年来料加工与进料加工比较

与此同时，从 1979 年开始，我国进料加工也正式起步，进料加工的内容和做法也日益丰富与完善，并在 1987 年以前得到初步发展。1987 年进料加工进出口额达 75.14 亿美元，占全国进出口总值的 9.1％，比 1980 年的 3.36 亿美元增长了 21 倍，1980—1987 年年均增长 55.9％，占全国对外贸易总额的比重由 1980 年的 1％上升到 1987 年的 9.1％。（见图 15-1）

这一阶段，加工贸易（见图 15-2）发展的特点是：①从贸易方式来看，由于我国原材料短缺，制造业落后，产品的花色和品种单一、档次不高，我国加工贸易以外商提供原材料、加工技术及相关设备的来料加工为主；②从区域分布看，具有明显区域特征，国内开展来料加工贸易业务主要在广东、福建两省。③从行业特点看，加工贸易涉及的行业基本上都属于加工工序简单、技术含量低的劳动密集型产业，其特点是粗放型、低档次和作坊式对外加工，生产品种涉及塑胶、玩具、电子、纸制品、印刷、钟表、五金、鞋业、服装、通信器材、副食品加工等。

在这一阶段的改革中，为了使我国的出口体制按照国际惯例运作，国家

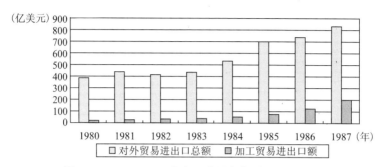

图 15-2 1980—1987 年加工贸易额与对外贸易比较

建立了出口退税制度。同时，为了适应对外加工装配贸易的发展，我国借鉴外国的经验，于 20 世纪 80 年代初，开始逐步建立保税制度，制定了相应的管理办法。在 1987 年全国人大常委会通过的海关法中，对保税制度的管理作了原则的规定。我国的保税制度主要包括涉及进出口货物的储存和运输以及工业生产方面的制度，如保税仓库、保税工厂、保税区和加工贸易制度。后来根据我国的经济特点，创建了有中国特色的保税仓库制度，由保税仓库、保税工厂和保税集团三种形式组成一个整体，为加工贸易服务。

（二）蓬勃发展阶段（1987—1993 年）

在 20 世纪 80 年代后期，全球经济形势发生较大的波动，世界性产业结构的调整与转移加速。日本和亚洲"四小龙"的货币升值，它们在劳动密集型产业上的竞争优势逐步削弱，"四小龙"从美国、日本、欧盟承接过来的劳动密集型产业面临大幅度调整和转移的压力。

我国政府在全面分析国际国内形势的基础上提出："我们在历史上曾经错过了几次发展良机，这次不应再错过"。1987 年年底，国家制定了沿海地区经济发展战略，并于 1988 年出台了鼓励外向型经济发展的一系列政策，也称"大进大出"、"两头在外"的政策，以顺应世界经济和产业结构调整的潮流，抓住"四小龙"转移劳动密集型产业的时机，积极参与国际分工，振兴劳动密集型出口产业。为鼓励企业开展进料加工，国家先后颁布了《以进养出试行办法》、《关于加强综合管理促进对外加工装配业务发展的通知》、《中华人民共和国海关对进料加工进口货物管理办法》等一系列规定，进一步强化了对进料加工的鼓励和扶持，放宽了对进料加工的限制，建立了适合当时情况的进料加工监管办法，为加工贸易的发展提供了法律和政策保障。由此，我国加工贸易获得了新的飞速发展。

这一阶段国家计划、财政、金融、物价、税务、外汇和海关等部门进行了一系列的改革，进出口管理体制也进行了重大的改革，进一步缩小了进出口商品指令性计划范围，扩大指导性计划和市场调节的范围，全面实行了出口退税。沿海地区充分发挥劳动力资源的优势，发展劳动密集型产业、知识密集型产业，大力发展"两头在外"的贸易，鼓励发展了来料加工、来样加工、来件装配和补偿贸易，即"三来一补"，使我国的加工贸易进入了一个新的发展时期。1988 年 3 月，沿海经济开放区扩展到辽东半岛和山东半岛等地区，整个东南沿海的重要经济区域，已经在对外开放中连成一片。1988 年 4 月，党中央和国务院做出重大决定，批准兴办我国最大的经济特区——包括整个海南省的海南经济特区。1990 年 4 月，中央决定开发和开放上海浦东新区，实行经济技术开发区和某些经济特区政策。

由于进料加工贸易政策的完善为外商投资企业经营创造了良好的环境，从而为其参与国际循环创造了非常便利的条件。在我国总体市场保护程度较高的情况下，外商绕开一般贸易关税和非关税壁垒的限制，利用我国劳动力成本低廉的优势，大力发展面向国际市场的劳动密集型产业，增大对华投资。1987—1991 年，全国外商投资协议金额 331.6 亿美元，年平均 66.3 亿美元，实际使用外资金额 166.8 亿美元；年平均 33.4 亿美元（是 1980—1986 年年均金额的 3.55 倍）。外商投资企业成为加工贸易特别是进料加工贸易的主体，同时，进料加工也逐渐转向技术层次较高的产业，投资于高科技领域的外商投资企业也在不断增加。在这一时期，加工贸易伴随对外开放的步伐，由四个经济特区逐步向沿海各地区进展，国家对开展加工贸易的政策也不断完善。1991 年，国务院相继批准上海外高桥、深圳福田、沙头角、天津港等沿海重要港口设立保税区，并借鉴国际通行规则，发展了保税仓储、保税加工出口和转口贸易，推动了加工贸易的进一步发展。

1991—1993 年，我国对外贸易实行了以取消补贴、自负盈亏为主要特征的第二轮承包经营，国有企业初步实现了自负盈亏、平等竞争，外贸计划管理体制、外贸财务体制、外贸进出口管理体制都进行了改革，对外经济贸易体制进一步向国际贸易规范靠拢。

通过一系列的改革，推动了经营机制的转轨，有力地推动了我国的对外开放，增强了海外投资者的信心，使外商投资在中国掀起了一个高潮。据统计，1992 年和 1993 年我国实际利用外资金额分别增长了 152％和 150％，外商投资企业的主要贸易方式就是以来料加工和进料加工为主。因此，我国的加工贸易在这一时期跃上了新的高峰。随着我国加工能力的提高和资金短缺状况的缓解，加工贸易由来料加工这一初级阶段向进料加工中级阶段迅速发展，并在加工贸易中居主导地位。1989 年，进料加工进出口额达 192.5 亿美元，首次超过来料加工进出口额，在对外贸易总值中比重由 1987 年的 9.1％飙升至 1989 年的 17.2％，比来料加工 1989 年在外贸总值中的比重高出 2.1 个百分点；1991 年，进料加工进出口额在对外贸易总值中的比重又提高到 24.7％。（见图 15-3、图 15-4）

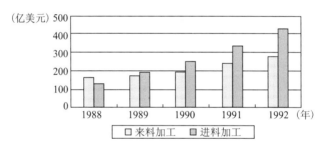

图 15-3　1988—1992 年来料加工与进料加工比较

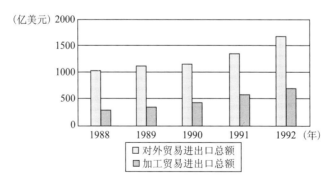

图 15-4　1988—1992 年加工贸易额与对外贸易总额比较

资料来源：历年中国海关统计

在这一时期，部分欧美跨国公司开始进入我国，日本也直接向我国转移了部分劳动密集型产业。我国进出口商品构成开始向高技术和高附加值的

"双高"方向演变,最明显的例子是机电产品加工贸易迅速发展,并位居加工贸易主导地位,使我国加工贸易的技术档次发生了巨大变化。

(三)快速发展阶段(1994—2002 年)

1994 年以来,根据中国共产党十四大提出的建立社会主义市场经济体制的目标,国家进行了以外汇体制改革为核心的综合配套的对外经济贸易体制改革,建立起国际经济通行规则的运行机制。实行了新的外汇管理体制,建立了以市场供求为基础的人民币浮动汇率制,建立了银行间的外汇交易市场,稳定人民币汇率等;完善了出口退税制度,简化了手续;设立了支持出口的中国进出口信贷银行,为机电产品、成套设备等资本性货物进出口提供政策性信贷支持;在进出口管理方面,进一步减少配额管理商品,加强了对重要商品的规范化管理;健全了对外经济贸易法规。1995 年 11 月,外经贸部颁布了《关于签发中华人民共和国出口货物原产地证书的规定》,并于 1997 年 7 月起正式统一使用符合中国电子商务标准的新格式原产地证书。

20 世纪 90 年代以来,加工贸易升级的步伐明显加快,加工贸易产业构成逐步发生质变,由劳动密集型为绝对主导逐步向劳动密集与技术、资金密集型产业并重的方向发展,甚至来料加工中也出现了一批技术先进、规模领先的大型项目;加工贸易企业相互之间的配套程度提高,不少企业使用国产原材料、零部件的比例在不断提高,加工贸易与国内产业的联系加强;外商投资企业取代乡镇企业成为加工贸易的经营主体。

这一时期,我国为了创造完善的投资、运营环境,为扩大对外贸易出口,发展加工贸易、转口贸易及过境贸易,继 1990 年上海浦东外高桥保税区建成后,又建立了大连、天津港等 15 个保税区,进一步优化了加工贸易的经营环境。

1992 年,邓小平同志在南方谈话中发表了扩大开放的重要讲话。在这重要讲话精神指引下,中央决定采取有力措施,把对外开放的格局推向纵深。我国对外开放的地域格局出现了新的转折点:以上海浦东新区的开发和开放为龙头,沿长江流域向内地延伸开放;开放所有内陆省会城市;开放吉林的珲春,黑龙江的绥芬河、黑河,内蒙古的满洲里、二连浩特,新疆的伊宁、塔城、博乐,云南的瑞丽、畹町、河口,广西的凭祥、兴东共 13 个沿边城市。至此，我国全方位对外开放的地域格局基本形成。在这一过程中，加工贸易在全国蓬勃发展。尤其是对于沿边城市，积极发展边境贸易和与周边国家的经济技术合作，积极发展加工贸易和创汇农业，努力吸收外商投资，发展经济，促进边疆经济繁荣和社会稳定。（见图 15-5、图 15-6）

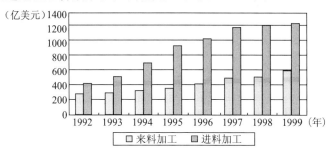

图 15-5　1992—1999 年进料加工与来料加工比较

资料来源：历年中国海关统计

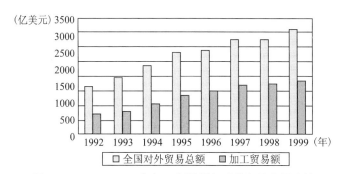

图 15-6　1992—1999 年加工贸易额与对外贸易总额比较

资料来源：历年中国海关统计

我国加工贸易的发展一直比较快，但是在 1998 年，由于受亚洲金融危机影响，我国对日本、韩国和东盟的加工贸易出口大幅下降，导致加工贸易出口增长大幅度下滑，加之当时税收政策较严，制约了加工贸易增长。1999 年以来，随着东南亚及东亚各国经济的恢复以及我国对加工贸易管理配套措施的出台，我国的加工贸易又呈现出新的上升势头。

这一时期，随着我国加入 WTO 进程加快，我国的外贸体制改革发展到了一个新的阶段。逐步实现了政企脱钩，按国际规则运作，实行规范化的管理。这一时期，我国加工贸易的管理制度进一步完善，1999年国家先后颁布了《进一步完善加工贸易银行保证金台账制度》、《加工贸易审批管理暂行办法》等一系列的措施，加强了对加工贸易的管理，严厉打击各种违法及走私行为，使我国的加工贸易走上了良性发展的道路。

20世纪90年代开始，伴随着跨国公司的进入，一些产品附加产值高的企业不断增多，以电子整机、精密机加工模具、复印机、电脑等为代表的高新技术份额上升。加工贸易的发展重点从劳动密集型的"三来一补"简单加工逐步转到资金、技术密集型的高新技术领域的劳动密集区段。

（四）转型升级阶段（从2003年开始）

从2003年开始，我国加工贸易发展进入促进转型升级阶段。此时，加工贸易规模已经很大，领域不断拓展，加工贸易为拉动经济增长和解决就业问题做出了重要贡献。但是，随着贸易规模的不断扩大，我国外贸发展和加工贸易发展中存在的问题也越来越突出。在这种情况下，国家外贸政策的重点由主要追求贸易规模的增长逐步转向转变外贸增长方式、提高外贸增长的质量和效益上来。作为我国外贸政策体系重要组成部分的加工贸易政策也逐步开始进行调整和完善。

党的十六届三中全会通过的《中共中央关于完善社会主义市场经济体制若干问题的决定》提出："继续发展加工贸易，着力吸引跨国公司把更高技术水平、更大增值含量的加工制造环节和研发机构转移到我国，引导加工贸易转型升级。"十六届五中全会通过的《中共中央关于制定国民经济和社会发展第十一个五年规划的建议》提出："继续发展加工贸易，着重提高产业层次和加工深度，增强国内配套能力，促进产业升级"。

第二节　加工贸易发展现状

一、我国加工贸易快速发展

（一）加工贸易曾占我国外贸进出口总额的半壁江山

在加工贸易优惠政策的激励下，我国加工贸易从无到有，并迅速地发展壮大起来。加工贸易在我国对外贸易中的比重不断提高，1986 年，加工贸易出口和进口占我国出口总额和进口总额的比重仅为 18.2% 与 15.6%。到 1996年，加工贸易进出口额在我国进出口贸易总额中首次过半。1997 年以来，加工贸易进出口总额一直占我国外贸进出口总额的一半左右，1997—2006 年加工贸易比重分别为：52.2%、53.4%、51.1%、48.5%、47.4% 和 48.7%、47.6%、47.6%、48.6%、47.2%。2006 年，我国加工贸易出口和进口分别达到 5103.8 亿美元和 3215 亿美元，分别占外贸出口和进口总额的 52.7% 和40.6%，分别是 1986 年 56.2 亿美元和 67.0 亿美元的 90.8 倍和 48 倍。2007年之后，加工贸易占比呈逐步下降趋势，2012 年，加工贸易占进出口的比重下降到 34.8%。2013 年，加工贸易进出口 1.36 万亿美元，占我国进出口总值的比重进一步下降到 32.6%。

（二）进料加工是加工贸易的主要形式

我国加工贸易早期以来料加工为主。从 1989 年开始，进料加工超过来料加工贸易额成为加工贸易的主要形式。2006 年，在加工贸易进出口总额中，进料加工进出口占 79.8%，来料加工仅占 20.2%。2013 年，进料加工贸易总额高达 7683.4 亿美元，来料加工贸易仅为 924.8 亿美元，进料加工所占比重进一步上升。（见表 15-1）

表 15-1　1994—2012 年我国加工贸易进出口情况表

单位：亿美元

年份	对外贸易		加工贸易					
	进出口总额	出口总额	进出口总额		出口额		顺差	
				占外贸进出口总额比重（%）		占出口总额比重（%）		占加工贸易出口额比重（%）
1994	2366.2	1210.1	1045.5	44.2	569.8	47.1	94.1	16.5
1995	2808.6	1487.8	1320.7	47.0	737	49.5	153.3	20.8
1996	2898.8	1510.5	1466	50.6	843.3	55.8	220.6	26.2
1997	3251.6	1827.9	1698.1	52.2	996	54.5	293.9	29.5
1998	3239.5	1837.1	1730.4	53.4	1044.5	56.9	358.6	34.3
1999	3606.3	1949.3	1844.6	51.1	1108.8	56.9	373	33.6

续表

年份	对外贸易		加工贸易					
	进出口总额	出口总额	进出口总额		出口额		顺差	
				占外贸进出口总额比重（％）		占出口总额比重（％）		占加工贸易出口额比重（％）
2000	4742.9	2492	2302.1	48.5	1376.5	55.2	450.9	32.8
2001	5096.5	2660.9	2414	47.4	1474.3	55.4	534.6	36.3
2002	6207.7	3255.9	3021.3	48.7	1799.5	55.3	577.3	32.1
2003	8509.9	4382.3	4047.5	47.6	2418.5	55.2	789.5	32.6
2004	11545.5	5933.3	5496.6	47.6	3279.7	55.3	1062.8	32.4
2005	14219.1	7619.5	6904.8	48.6	4164.7	54.7	1424.6	34.2
2006	17604.3	9689.7	8318.3	47.3	5103.6	52.7	1888.9	37.0
2007	21745.9	12186.4	9860.4	45.3	6175.6	50.7	2490.8	40.3
2008	25616.3	14285.5	10534.9	41.1	6751.1	47.3	2967.3	44.0
2009	22075.4	12016.1	9091.5	41.2	5868.6	58.3	2645.7	45.1
2010	29710.0	15777.5	11577.6	38.9	7403.3	53.0	3229.0	43.6
2011	36418.6	18983.8	13052.1	35.8	8354.2	47.9	3656.3	43.8
2012	38671.2	20487.1	13439.5	34.8	8627.8	47.4	3816.1	44.2

（三）外商投资企业成为加工贸易的经营主体

由于外商投资企业具有技术、市场渠道的优势，加工贸易优惠政策客观上有利于外商投资企业，近年来外商投资企业从事加工贸易的比重不断提高。在 2006 年加工贸易进出口总值的 8318.8 亿美元中，外商投资企业占 84.8％。2013 年，外商投资企业占进料加工贸易的比重为 84.9％，与 2006 年持平。（见表 15-2）

表 15-2　近年来我国外资企业加工贸易发展情况表

年份	加工贸易进出口额（亿美元）	外资企业加工贸易进出口额（亿美元）	占加工贸易进出口总额比重（％）	加工贸易出口额（亿美元）	外资企业加工贸易出口额（亿美元）	占加工贸易出口总额的比重（％）
1994	1045.5			569.8		
1995	1320.7	791.2	59.90	737	420.5	57.10
1996	1466	945.7	64.50	843.3	530.8	62.90

续表

年份	加工贸易进出口额（亿美元）	外资企业加工贸易进出口额（亿美元）	占加工贸易进出口总额比重（%）	加工贸易出口额（亿美元）	外资企业加工贸易出口额（亿美元）	占加工贸易出口总额的比重（%）
1997	1698.2	1114.9	65.70	996.1	638.1	64.10
1998	1730.4	1174.4	67.90	1044.7	691.8	66.20
1999	1844.6	1272.1	69.00	1108.7	745.4	67.20
2000	2302.1	1657.7	72.00	1376.5	972.3	70.60
2001	2414.3	1769	73.30	1474.5	1066	72.30
2002	3021.5	2287.4	75.70	1799.4	1346	74.80
2003	4047.8	3220.3	79.60	2418.5	1902.7	78.70
2004	5497.2	4500.1	81.90	3279.9	2663.5	81.20
2005	6905.1	5778.7	83.70	4164.8	3466.3	83.20
2006	8318.8	7055.5	84.80	5103.8	4311.6	84.50
2012	13438	10984	81.70	8627		

（四）机电产品是加工贸易的主要商品

改革开放 20 多年来，加工贸易业务由小到大，由单一服装加工扩大到塑料、五金、电子、化工、机械等品种。目前，机电产品已成为加工贸易进出口商品的主要品种，加工贸易机电产品出口占全国机电产品出口额的比重逐年增加。

（五）加工贸易主要集中在珠三角、长三角等东南沿海地区

我国加工贸易以加工组装为主，原材料和关键部件主要来源于日本、中国台湾、东盟、韩国等周边国家和地区，出口主要市场为美国、欧盟、日本等发达国家。我国加工贸易企业主要集中在东部沿海地区，特别是高新技术产业大部分集中在长江三角洲、珠江三角洲地区。

（六）加工贸易产品中国内要素含量不断提高

随着我国改革开放的不断推进，国内企业生产加工制造能力不断增强，加工贸易企业逐步在中国国内建立原材料供应商网络，从而实现国产原材料的进口替代和加工贸易向一般贸易的渐进转换。随着国内经济的发展和政策

的完善，加工贸易商品所包含的国内要素比例不断提高。

二、加工贸易对国民经济发展的积极作用

宽松而优惠的加工贸易政策，使我国劳动力成本低等比较优势得到充分发挥，使我国成功地抓住了 20 世纪 90 年代以来国际产业转移的重大机遇，承接了发达国家和新兴工业化国家、地区转移出来的劳动密集型产业或某些中等技术产业，发展起一大批"两头在外"、面向国际市场的加工制造业，对于促进我国国民经济和对外贸易发展、提高国内产业技术装备水平、扩大就业等方面发挥了重要作用。

——有力地促进了国民经济发展。外贸出口成为拉动国民经济持续较快增长的重要力量。而作为对外贸易重要组成部分的加工贸易在开拓国际市场、利用海外需求带动国内经济增长方面发挥了重要作用。2013 年加工贸易项下实现顺差 1888.8 亿美元，比全部外贸顺差还多 114 亿美元。

——促进了引进外资，弥补了国内建设资金的不足。改革开放初期，我国百废待举，经济建设资金十分匮乏，制定宽松而优惠的加工贸易政策的初衷就是为了吸引国外资金弥补国内建设资金的不足，从而带动国内经济的发展。事实证明，加工贸易政策为我国吸引外资发挥了重要作用。目前，从事加工贸易的外商投资企业已经成为我国加工贸易的主力军。另外，从目前的实际情况看，我国国有企业或个体企业等内资企业的来料加工主要是由外资经营管理的。因此从总体上看，外资经营的加工贸易分别约占全国加工贸易出口和进口的 90% 左右。

——促进了国内产业结构调整和技术进步。由于高新技术特别是信息技术的发展，国际产业升级与转移步伐加快，发达国家正在将大量成熟的中间性技术乃至某些高新技术向发展中国家转移。我国政府通过制定优惠的加工贸易政策，紧紧抓住了新一轮国际产业转移的历史性机遇，促进了我国总体产业升级以至工业现代化进程的加快。我国发展加工贸易最初是以劳动密集型工业制成品开始的，适应了我国劳动力资源丰富、就业压力大的状况。目前，劳动密集型产品仍然是加工贸易出口的主要构成部分，但与十几年前相比，产品的规格和品质已经发生根本性变化。特别是随着我国制造业、加工业整体水平的提高，加工贸易出口产品已从以纺织、轻工制成品为主转变为以机电产品出口为主。

——推动了国内配套产业的发展。由于加工技术和国内原材料的限制，加工贸易最初涉及的国内加工装配业务，技术比较简单。外商投资企业通过追加投资开办产品配套厂或车间，实现产品配件和工艺的配套，提高了产品本地化的程度和自产比例。加工贸易带动国内经济发展的作用大大提高。外商投资企业进料加工出口与进口的差值逐年大幅度增加。进料加工进出口差额的逐年增加直接反映了进料加工出口带动的内需量（包括国内配套的原材料、零部件及除生产所需原材料、零部件外的其他生产消费）的迅速扩大。

——促进了国有企业管理和运行机制同国际接轨步伐。在开展加工贸易的过程中，外商不但带来加工原料、技术和资金，也带来了国外先进的管理模式，从而加快了国有企业机制转换的步伐，一些国有企业经过外资嫁接改造后，很快就摆脱困境、扭亏为盈，甚至获得蓬勃发展。

——增加了就业，提高劳动者的素质。目前，全国约有 9 万家从事加工贸易的企业，从业人员达 3000 多万人。通过从事加工贸易生产，数以千万计的城镇居民和赤脚下田的农民得到了培养，成为能够从事现代工业生产的熟练工人；同时，造就了一批懂技术、懂管理的企业管理人才，成为沿海地区外向型经济发展的宝贵财富。大量内地劳动力也从中学到了技术和管理知识，回乡办厂，带动了内地经济的发展。开展加工贸易 30 年来，加工贸易企业为我国培养了成千上万的外向型人才和技术管理人员。通过加工贸易，提高了从业人员的素质，丰富了企业管理经验。

三、加工贸易存在主要问题

尽管加工贸易对促进我国经济发展发挥了重要作用，但也必须看到，当前加工贸易发展中也存在一些不容忽视的矛盾和问题。

（一）产品技术含量不高，附加值低

尽管我国加工贸易产品中机电产品和高新技术产品比重不断增加，但是我国加工制造环节的技术含量仍然不高，加工贸易产品获得的附加值低。究其原因主要在于我国加工贸易结构仍以传统劳动密集型加工为主，加工贸易

仍处于国际分工的低端。由于我国加工贸易特别是高新技术产业以外商企业为主，外商企业通常把资本密集、技术密集、关键零部件生产以及品牌、营销等产品高附加值部分留在国内，赚取高附加值部分，而把技术含量不高、进入门槛较低的劳动密集型生产环节的组装加工等转移到我国等发展中国家，而这些环节获取的附加值相对要少得多。以电子产品为例，生产高附加值的芯片、软件的美国获得全世界电子行业 60％左右的利润，生产关键性电子器件的日本、韩国等国家获得 20％左右的利润，而我国等发展中国家从事一般部件生产及装配工作，只获得 10％左右利润。由于在整个加工贸易价值链中，我国企业从事的往往是零部件和原辅材料的初级加工、装配等劳动密集型环节，因此，从总体上看，我国的加工贸易缺乏拥有核心技术和自有知识产权，产品技术含量和附加值处于较低水平。如 2001 年，我国高新技术产业增值率为 25.2％，不仅低于发达国家平均水平约 10 个百分点，而且低于我国制造业 1.2 个百分点。

（二）准入门槛低，不利于带动国内产业结构优化升级

我国加工贸易是典型的"大进大出"模式，原材料与零部件从国际市场上来，产成品到国际市场上去，而在国内只进行简单的加工装配，产业链条短，因而使得加工贸易对国内其他产业缺乏前向和后向的带动作用，尤其是对中上游产业，如原材料工业等基础产业的带动作用小。在加工贸易特别是来料加工中，外商投资企业完全掌握市场和销售渠道，严密控制关键技术，把技术和产品的开发能力大多留在境外，而中方只参与简单的加工装配环节。另外，还有些外商投资企业甚至将技术水平低、环境污染重的工业转移到我国生产，给我国的环境带来灾害性的后果。我国加工贸易以外商投资企业而非国有企业为经营主体的格局，造成我国原有的大工业基础和技术基础不能充分发挥作用，延滞了整个加工贸易的升级和国内配套程度的提高，从而延缓了加工贸易对产业结构的带动作用。

（三）政策优惠更多地被外商投资企业享受，不利于国内企业发展

我国制定的加工贸易政策从根本上讲是一种鼓励出口的税收优惠政策，由于进口料件免征关税和增值税，因此，加工贸易政策比一般贸易政策更为优惠。由于外商投资企业具有品牌技术、市场渠道的优势，加工贸易政策客观上有利

于外商投资企业，相对而言不利于国有企业和民营企业。从我国进出口贸易方式看，外商投资企业主要从事加工贸易，绝大多数国有企业和民营企业主要从事一般贸易。2013 年，外商投资企业出口总额中，加工贸易占 70% 以上，而民营企业进出口总额中，加工贸易仅占 10% 左右。由于加工贸易政策优惠主要被外商投资企业享受，客观上挤压了国有企业和民营企业的市场空间，不利于民族企业发展。

（四）加工贸易将其他国家顺差转移到我国，加剧了我国与部分国家的贸易摩擦

当前加工贸易的发展已成为造成我国与发达国家贸易摩擦的主要因素之一。其原因在于：我国加工贸易为其他国家和地区加工的产品再出口，很多加工贸易产品原材料、半成品生产仍在国外，而最后组装加工环节在我国。而按照原产地的统计原则，这些国家和地区的贸易顺差也通过加工贸易体现在我国经常项目项下，因此，这些国家和地区对欧美发达国家的贸易顺差也同时转嫁给我国，从而扩大了我国与发达国家之间的贸易不平衡，加剧了欧美国家与我国间的贸易摩擦和纠纷。我国加工贸易产品出口的数量过多且价格过低，导致最近几年外国对华反倾销起诉案件明显增加。（见表 15-3）

表 15-3　2003—2012 年我国贸易顺差（国别）情况表

单位：亿美元

年份	贸易差额						
	德国	美国	日本	韩国	中国台湾	欧洲	非洲
2003	−68	586.1	−147.2	−230.4	−403.6	203.3	18.23
2004	−66.12	802.7	−203.4	−344.3	−512.3	333.6	−18.3
2005	10.04	1141.7	−164.6	−417.1	−581.3	691.9	−23.8
2006	24.36	1442.6	−240.8	−452.5	−663.7	1005.2	−20.84
2007	33.3	1633.2	−319	−476.3	−775.7	1481.8	9.39
2008	33.4	1708.6	−345.2	−382.1	−774.6	1747.9	−51.6
2009	−58.4	1433.8	−330.3	−488.7	−652.2	1025.7	44.1
2010	−62.9	1812.7	−556.5	−696.3	−860.2	1373.1	−69.9
2011	−162.8	2023.4	−462.9	−797.9	−898.1	1264.2	−201.2
2012	−226.9	2189.1	−266.7	−809.67	−954	1097.9	−278.52

（五）加工贸易监管难度不断加大，不法企业利用加工贸易渠道走私

长期以来，我国对开展加工贸易实行不限区域和几乎不限企业、不限商品的宽松保税政策，在加工贸易发展初期，由于从事加工贸易的企业不是很多，生产规模不大，这种宽松政策并没有给监管造成太大的压力。但是由于加工贸易政策缺乏健全、有效的产业政策导向和税收保障机制，随着加工贸易的迅速发展和企业经营机制的变化，宽松政策中蕴藏的企业信誉风险就暴露出来。由于加工贸易遍地开花，而海关监管力量有限，已制定并公布实施的国家加工贸易单耗标准数量少，管理覆盖面极为有限。在高额利润的驱动下，部分不法企业利用加工贸易保税且无贸易管制的便利，绕开我国对一般贸易进口的管制，逃避进口关税和增值税。他们采用虚报品名、规格、数量，进口以多报少，出口以少报多，高报单耗，以次充好，甚至采取假单证等手段，从事走私违法勾当，擅自倒卖保税料件、成品和减免税设备，不仅给国家造成严重的经济损失，也对国内一些支柱行业和民族工业造成直接冲击，产生了极大危害。

第三节　主要国家加工贸易政策借鉴

发展加工贸易是当今世界各国促进本国经济发展的一项重要活动，其中既有美国、欧盟和日本等发达国家，也有韩国等新兴工业化国家，以及印度这样的发展中国家。有些国家对加工贸易的管理制定了特殊的政策，有些国家则把加工贸易作为海关特殊监管区域中企业生产经营活动的内容之一，只对海关特殊监管区域制定了相应的管理政策，而没有具体指向加工贸易活动来制定相应的政策。

一、世界主要国家加工贸易管理方式

（一）美国模式

美国对加工贸易的组织形式是外贸加工区，其管理具有两个特点：

第一，以一种公共设施的性质由海关来监管的外贸加工区。既然是公共设施，因此每个港区都可以设立，其监管的费用开支由经营者偿付给海关。在政府层面上，设立了外贸加工区委员会，主席由商务部长担任。

第二，通过法律将产品分为特准外国产品、非特准外国产品、特准国内产品和非特准国内产品，进行分类的政策管理，享受不同的海关政策待遇。特准与非特准的区别在于，是否获得执行申请时可以享受的估价与税则分类，在加工区与关境之间流动。

此外，在一些特殊的情况下，外贸加工区委员会可以根据外贸加工区的经营者的申请建立一个具有特殊用途的分区，作为外贸加工区的附属区由单个公司经营管理。

（二）欧盟模式

欧盟对加工贸易（称为"进境加工"）的指导思想是在审批加工贸易时，权衡加工贸易企业与其他生产企业之间的利益关系，并鼓励以欧盟内部的料件制造产品出口。欧盟国家成立由产业部门参加的加工贸易品种、数量核定小组，定期审定可以开展加工贸易的品种和数量，依法使国内产业受到严格保护。国内相关原材料生产企业对采用国外料件开展加工贸易不提出异议是批准加工贸易合同的基本前提。其具体做法是：对拟开展的加工贸易活动进行公示。具体采用两种管理制度：

第一，保税制度。要求企业以加工产品复出口为目的，货物进口前，向海关提出申请，经海关审核同意后发给批准证书（类似我国的加工贸易手册），货物进境时企业凭此免税，亦免受贸易政策措施管理，成品出口后由海关核销。这类似于我国目前的加工贸易政策，但这种开放式管理的前提是市场和法制的完备、企业守法自律性强及信息化监管网络的建立和健全。

第二，退税制度。如果企业在进口时没有把握将加工产品返销出口，但希望保留产品出口后退回已征收进口税的可能性时，可选择加工贸易退税制度。货物进口前，也要经海关审核同意后发给批准证书；货物进口时要先征收关税和进口环节增值税，并受贸易政策如进口数量或配额限制。如果产品出口，可向海关申请退还进口时所缴纳的税款。《欧盟海关法典》规定，不论保税制度还是退税制度，海关如认为必要，在核发加工贸易批准证书前，可对加工贸易企业征收保证金或由企业提供银行担保。

（三）日本模式

日本对双向的加工贸易均有规定，对企业从事加工贸易活动的管理较为宽松，但是对保税空间有着较为详尽的规定。日本海关对加工贸易实行三种监管模式：

第一种是在指定区域内开展加工贸易，实行类似我国的保税政策。保税地区共有5类，即指定保税地区、保税存放地区、保税工厂、保税展览会、综合保税地区。

第二种是担保保税政策，对一年内加工复出口，进口时提供料件税款等值担保的予以免税，如届时不能加工复出口，海关将担保金或担保物抵缴税款。

第三种是先征后退政策，料件进口时先征税，在规定的时间内加工复出口的予以退税。

第二种、第三种监管模式是针对在保税工厂以外区域开展的加工贸易，企业可以自主选择。

（四）韩国模式

韩国目前对加工贸易实行两种监管模式：

第一种，对在指定区域内开展的加工贸易实行保税政策，指定区域仅限于保税工厂和保税区（亦称"出口自由区"）。

第二种，先征后退政策。

有必要说明的是，韩国发展加工贸易始于20世纪60年代初，曾经实行了类似我国目前的遍地开花的加工贸易保税政策，遇到了目前我们正面临的情况和问题。经过10多年的探索、实践，证明不限区域、漫山放羊的保税政策（韩国不论是开展加工贸易的地域，还是加工贸易业务量、管理难度等，都比我国明显偏小）是不成功的。因此，从1975年起，除保税工厂、出口自由区仍继续实行保税政策外，韩国海关对加工贸易进口料件实行先征后退的政策。

（五）其他国家在加工贸易管理中一些做法

墨西哥的加工贸易以加工装配为主，其根本原因是毗邻美国。在两国边境上，集中了大批从事加工装配的企业，美国方面从事资本密集型的工序，墨西哥方面从事劳动密集型的工序，形成了按照要素禀赋及比较成本优势的国际分工。墨西哥加工贸易管理以海关特殊监管区域为基础，加工装配业务所需的进口设备及料件等可以免征关税。

东盟一些国家，如印度尼西亚、泰国，对加工贸易的管理也以海关特殊监管区域为主。

印度也采取了自由贸易区和海关特殊监管区域的制度安排，其管理模式与其他国家的海关特殊监管区域相近。印度加工贸易的政策具有较高的指向性，明确规定用于生产出口产品的进口产品，以及向完全出口型企业提供的产品，可以免除全部关税和附加税。

二、国际加工贸易管理模式的总结

从目前世界各国对加工贸易的管理政策上看，国际上对加工贸易的管理模式主要有四种：一是封闭式保税监管，即加工贸易保税只能在海关监管的封闭区域内进行；二是先征后退，原料进口时先征税，等成品出口时再予以退税；三是实行在第三方担保前提下的保税监管；四是开放式。

（一）封闭式管理模式

这种管理模式以美国、韩国、东盟等国家为代表。封闭式管理模式的基本做法是，只允许保税进口的料件在海关设置的区域内活动。这些区域包括海关特殊监管区域、自由贸易区和保税工厂或车间，以便于对其进行有效的监管，防止保税料件和含有保税料件的产品进入国内市场。其管理工作的主要内容在于：第一，根据国家政策与企业需要设置保税空间，在保税空间的边界上设置特殊的海关机构；第二，审查、批准进入保税空间的企业；第三，对进出保税空间的料件进行保税管理，保证料件从境外或关外流入保税空间、并流出到境外或关外去。

封闭式管理模式的好处在于：第一，管理对象的活动范围较为明确，易于海关在企业与料件两个层面上对料件实施保税监管；第二，免去了对料件的税费征收成本；第三，为保税空间中的企业经营提供了降低成本、提高资本运营效率的余地；第四，为保税空间中的企业提供了经营方面的便利。

封闭式管理模式的弱点在于：第一，选择范围有限，当保税空间在区域、数量等方面扩展时，封闭型模式本身就会受到挑战；第二，便利了来料或进料的管理，但是却对国内料件进入保税空间，参与加工贸易的生产过程形成了限制，这在一定程度上限制了国产化程度的提高以及向一般贸易转化的机会。

（二）先征后退管理模式

这种管理模式以日本、欧盟为代表。先征后退管理模式的基本做法是：对于那些用于出口产品加工的进口料件，先行征收关税，到产成品出口时再给予退还。其管理模式的主要内容：对企业用于加工贸易的进料进行登记，对企业出口的产成品中所含进口料件进行判定，并给予退税。

先征后退管理模式的好处在于：第一，就其管理过程本身来说，非常简便，只要在出口时，按照企业提供的产品所含进口料件的记录依法进行；第二，直接避免了保税情况下，进口料件非法进入国内市场销售与企业偷逃税款的可能；第三，这种模式的最大优点在于，为企业销售产品提供了两种灵活的选择，如果国内市场饱和，可以选择国际市场，还能够获得退税的好处，此外，也有助于解决加工贸易中转厂加工的问题。

先征后退管理模式的弱点在于：第一，关税的征收与退还加大了海关部门的工作量；第二，丧失了政策效力，即加工贸易企业从这种模式中没有得到经济上的利益以及通关上的便利，从而无法实施对企业从事加工贸易的积极推动；第三，对确实开展加工贸易业务的守法企业增加了经营成本。

先征后退管理模式适用于那些比较容易判定其用料标准的产品，同时，作为一种政策，如果旨在为企业提供选择销售市场的灵活性，则这种方式远远胜于其他模式。

（三）第三方担保前提下的保税监管模式

担保模式的基本做法是：在企业进口料件时，海关保留对进口料件征税的权利，但暂不征税，由进口企业提供担保。企业提供的担保形式多种多样，既可以由银行或保险公司对税收资金担保，也可以由企业用自己的不动产进行抵押。

担保模式的主要工作除了正常的保税内容之外，还要发生涉及提供担保的一系列内容，如我国对加工贸易企业要求开具银行保证金台账，银行保付保函担保就是一种担保的保税监管模式。担保的必要性在于降低保税的风险，保障保税料件在加工后随产成品出口。换一句话说，就是在保税料件非法直接进入国内市场销售或随产成品进入国内市场销售的情况较为严重时，采取的一项补救措施。

担保管理模式的优点是：为避免保税料件偷逃税款，保证国家税收，促进加工贸易政策的有效性增加了一道保险。担保模式适用于信誉难以判定或信誉较低的企业所从事的加工贸易活动。但担保管理模式的弱点是增加了加工贸易经营活动的复杂程度和交易成本。

（四）开放式管理模式

该模式分为两种类型。一种是以我国为代表的几乎不限区域、不限品种的遍地开花式的加工贸易保税管理模式。另一种以欧盟为代表的有限制的开放模式。其限制表现在：一是以不损害国内相关原材料生产厂商的利益作为给予保税待遇的前提；二是成立加工贸易品种、数量核定小组，由产业部门组成，定期审定可以开展加工贸易的品种和数量。

开放式管理模式的优点在于为企业节约了加工贸易的运营成本，提高了通关效率。但开放式管理模式特别是宽领域大范围开放式的弱点在于容易给不法企业造成走私机会，对相关国内原材料生产企业形成冲击。

开放管理模式的基本条件是要求海关拥有完备的信息监管网络，要求企业有较高的守法意识。但是从企业经营活动的根本驱动力来看，开放式管理模式要求国家的关税税率水平与处罚成本之间形成一种有效的约束机制，这是实施开放式管理模式所需要的本质条件。

三、各国加工贸易监管经验的总结及启示

从目前世界各国的经济管理实践中我们可以看出，各个国家对加工贸易的看法不同，管理的方式也不一样，加工贸易并不必然等同于对加工贸易进口料件保税，也就是说，对加工贸易进口料件进行保税并不是开展加工贸易活动的必然前提。不管采用什么方法对保税料件进行监管，其共同特点是：国家税收保障机制是制定加工贸易政策的出发点和根本前提。另外，大多数国家对加工贸易进口保税料件的管理模式是设立海关特殊监管区域。

各国的加工贸易监管经验告诉我们，选择对加工贸易进行监管的模式，要根据加工贸易发展的特点与目的来进行，要权衡保护国内相关产业、促进外向型经济发展以及监管成本、监管效率之间的关系，要把监管模式与加工贸易发展的目的结合在一起，综合考虑政策设计为加工贸易活动带来的成本、风险及效益。加工贸易政策及其监管模式还需要体现本国宏观经济发展的政策导向。

第四节　加工贸易前景及政策建议

一、加工贸易在我国未来经济发展中仍将发挥重要作用

改革开放以来我国经济发展的成功实践证明，加工贸易是我国发挥资源比较优势，积极参与经济全球化进程从而带动国内经济持续快速增长的一种正确选择。从未来我国经济发展的前景看，出口仍将是带动我国国民经济增长的重要力量。保持出口的适度增长仍是促进国民经济又好又快发展的必然要求。在经济全球化趋势日益明显的背景下，发展加工贸易仍将是我国经济发展的战略选择，加工贸易在我国未来经济发展中仍将发挥重要作用。

（一）发展加工贸易是生产国际化、经济全球化的必然要求

经济全球化的深层内涵和本质特征是生产的国际化，即跨国公司根据其经营战略和各地区生产要素的区位优势，在全球范围内进行分工，组织生产

活动。国际分工目前已从垂直分工进展到水平分工，从整体分工到零部件分工，从工序分工到工位分工，实现了车间与流水线的国际化。很多商品要完成从初级形态到最终产品的全过程往往都是通过在不同国家多道生产工序才能实现的。如美国波音 747 喷气机就是在 8 个国家的 1600 个大型企业、1.5 万个中小型企业的协作中生产出来的。在经济全球化的背景下，从国外进口原材料、零配件经过加工制造后再出口的加工贸易成为生产力要素跨国流动实现最优配置的有效途径。

（二）我国具备发展加工贸易的地理优势

我国拥有曲折而漫长的海岸线，沿海各省都有天然良港通往世界各地，其中 14 个沿海城市的港口吞吐量占全国的 97%。便利的交通条件，是开展加工贸易的重要条件。尤其是我国东南沿海，不但劳动力丰富，而且毗邻香港、澳门和台湾省，同时，距东亚、东南亚市场较近。目前，我国加工贸易主要集中在广东、福建、上海、江苏和山东，这 5 个沿海省市加工贸易合计占我国加工贸易和出口总额的 80% 以上。目前，我国加工贸易进口的主要来源地为日本、中国台湾、韩国和东南亚，而加工贸易出口目的地主要是美国、日本、欧洲和中国香港。我国加工贸易的这种地区分布结构，表明了我国在参与国际化生产的过程中，原材料等上游产品主要来自亚洲地区，加工产品主要输往欧美市场。

（三）我国具备开展加工贸易的环境政策优势

在当前国内外吸引外资的激烈竞争形势下，国际资本的流向很大程度上取决于一个地区的综合投资环境，尤其是投资软环境。同世界其他一些地方相比，我国政治稳定，社会秩序良好，法制比较健全，尤其是随着改革开放的进程，我国社会主义市场经济体制逐步完善。我国的经济运营规则正向国际靠拢，这些给外商来华投资开展加工贸易创造了一个有利的环境。另外，我国得天独厚的产业配套能力和优越的基础设施成为加工贸易发展的重要优势。

综上所述，我们认为，在今后一段时期内，我国仍然具有发展加工贸易的比较优势，未来加工贸易在我国仍然具有广阔的发展空间。但是另一方面，我国低成本优势也正在减弱，依靠承接国外产业转移带动加工贸易持续快速发展的时代已经过去。我国应立足国情，优化加工贸易产业结构和区域布局，提升产业层次，增强配套能力，延长产业链，改善营商环境，培育加工贸易承接新优势。

二、调整加工贸易政策是转变外贸增长方式的必然要求

从本质上讲，我国的加工贸易政策是一项鼓励出口的税收优惠政策，是我国在改革开放初期根据当时经济实际状况而制定的、不同于世界上其他国家的、以开放式的"保税进口"为核心的特殊优惠政策。但从世界各国对加工贸易的监管实践可以看出，加工贸易并非和进口料件保税政策必然联系在一起，世界绝大多数国家对加工贸易进口料件进行保税都有很多前提和限制。

近年来我国经济形势已经发生很大变化，经济持续快速增长，在贸易顺差大量增加、国内能源资源环境压力日益增大的情况下，加工贸易发展中存在的加工增值率不高、利用加工贸易走私、对国内原材料市场造成冲击、加工贸易优惠政策主要被外资企业享受等的种种问题已影响了我国经济持续健康发展，外贸增长方式必须实现从数量规模型为主向质量效益为主的转变。继续采取政策优惠全面鼓励加工贸易发展已经难以为继，调整加工贸易政策势在必行。我们必须积极借鉴国际加工贸易管理的先进经验，发挥加工贸易政策导向作用，合理调整加工贸易政策优惠范围，使之为转变经济增长方式、促进产业结构优化升级服务。

三、当前我国已基本具备调整加工贸易政策的客观条件

除了当前我国的宏观经济形势给我们提出了完善加工贸易政策的迫切要求外，从其他客观条件上看，当前我国也已基本具备调整加工贸易政策优惠范围的条件。

（一）我国关税总水平大幅降低

1993 年我国关税平均水平为 43%。当前我国关税平均水平已降至 9.8%，

工业品平均关税水平降至 9.0%，不少原材料的关税已经很低，一些产品已经实现零关税。在这背景下，对海关特殊监管区域外一些商品进料加工贸易取消进口料件的保税（关税和增值税）政策，多数企业增加的关税成本已经比改革开放初期大大降低。

（二）出口退税效率大幅提高

1985 年以前，我国对出口商品采取的是出口补贴政策。1985 年以后，我国开始实行出口产品退税（产品税或增值税）政策，并对每一出口产品逐一计算核定出口退税率，退税周期很长，退税手续也很烦琐。1994 年税制改革后，我国初步建立了与国际惯例接轨的出口退税机制。2004 年起，我国对出口退税机制又进行了重要改革，出口退税效率大幅提高，出口退税周期大大缩短，企业由于出口退税不及时而造成的资金占压问题已大大缓解，已经基本具备了将区外加工贸易企业视作一般贸易进行税收征管的条件。

（三）许多封闭式管理的海关特殊监管区域内尚有闲置土地

为规范加工贸易管理，解决加工贸易"遍地开花"，不法企业利用加工贸易渠道进行走私冲击国内市场的问题，从 2000 年开始，国家陆续批准设立了实行封闭式管理的海关特殊监管区域。由于海关特殊监管区域管理较严，而区外加工贸易政策十分宽松，海关特殊监管区域政策优势并不明显。除少数海关特殊监管区域外，许多海关特殊监管区域招商引资情况并不理想，造成了大量土地和资金的闲置与浪费。如果我们与国际惯例接轨，需进一步增加海关特殊监管区域的政策优势，吸引加工贸易企业入区规范发展。

四、促进加工贸易转型升级的政策建议

（一）完善加工贸易政策

1. 基本原则

收窄加工贸易优惠政策范围，引导企业逐步向一般贸易转型，引导新增加工贸易进入海关特殊监管区域进行封闭管理，鼓励加工贸易企业从加工制

造环节向研发设计、自创品牌以及物流配送、建立自主营销渠道升级，促进外贸增长方式的转变和出口质量效益的提高。

——明确方向。目前我国关税水平已大幅度降低，出口退税效率明显提高，海关特殊监管区域已初具规模，已基本具备引导企业从加工贸易向一般贸易转型的条件。要参照国际惯例，规范加工贸易管理，逐步引导区外加工贸易向海关特殊监管区域转移，降低监管风险，缓解能源和环境压力。

——综合配套。结合加工贸易政策调整，相应调整出口退税政策和关税政策，提高贸易便利化水平。

——分步实施。加工贸易政策调整涉及面广，情况复杂，要区分具体行业和商品，区分加工贸易存量和增量，采取措施分步到位。

——平稳过渡。逐步减少加工贸易政策优惠，提高一般贸易的吸引力，减小一般贸易与加工贸易的政策落差，实现加工贸易向一般贸易平稳过渡，避免对国内经济发展和就业造成过大冲击。

2. 政策措施

完善加工贸易政策，着重提高产业层次和加工深度，增强国内配套能力，促进国内产业升级。

——完善加工贸易分类管理目录，提高加工贸易技术含量和附加值。调整加工贸易商品目录，按照有支持、有抑制和有退出的原则，定期调整加工贸易商品分类目录，根据国家产业、环保等政策以及监管成本，扩大加工贸易禁止类商品目录。适当扩大加工贸易限制类目录，将部分国内可替代生产的、加工增值率低、技术水平落后的商品列入加工贸易限制类目录，实行银行保证金台账实转管理。

——引导加工贸易增量向海关特殊监管区域转移，规范加工贸易的管理。加大引导加工贸易向海关特殊监管区域转移的力度，研究制定鼓励加工贸易企业进入海关特殊监管区域的政策措施，切实解决目前加工贸易存在的问题，促进加工贸易的健康发展。在逐步收紧区外加工贸易政策的同时，积极拓展海关特殊监管区域的保税物流和研发等功能，形成区内外政策落差，充分发挥现有海关特殊监管区域的作用。逐步引导限制类商品的加工贸易企业和加工贸易增量向海关特殊监管区域转移，规范加工贸易管理，逐步将加工贸易

"散养"改为"圈养"。

——加强加工贸易单耗标准制定和管理。加强加工贸易单耗管理工作是规范区外加工贸易发展的重要技术手段。一是加快国家单耗标准的制定。二是建立单耗管理信息系统,更加直接有效地监控企业的相关生产行为,进一步规范加工贸易企业的经营活动。三是加强单耗管理的中期核查。以防止不法企业通过高报料件单损耗,多进保税料件倒卖,偷逃国家关税行为的发生。

(二)创新加工贸易模式

1. 总体要求

立足我国国情,继续发展加工贸易,着力优化加工贸易产业结构和区域布局,提升产业层次,增强配套能力,延长产业链,改善营商环境,培育加工贸易承接新优势,减缓产业向中西部地区有序转移。保持加工贸易政策基本稳定的同时,探索差别政策,引导和鼓励加工贸易向内陆转移。

2. 政策措施

——沿海地区转型升级。鼓励特大型加工贸易企业将制造环节向内陆转移,强化在沿海的研发中心、分拨中心、结算中心。支持有实力、有条件的企业通过多种方式自创品牌,成长为营销型企业。

——提高加工贸易准入门槛,引导加工贸易向高技术含量和高附加值产品发展。吸引跨国公司把技术含量高的加工制造环节和研发中心转移到我国,增强加工贸易企业自主开发和创新能力,促进加工贸易从代加工逐步向代设计到自创品牌的转变。

——内陆地区有序承接。在保护生态环境的前提下,鼓励内陆地区有序承接劳动密集型产业转移。稳妥推进有条件的企业将整机生产、零部件、原材料配套和研发结算等在内陆地区转移,实现内陆地区产业链一体化发展。引导现有44个加工贸易梯度转移重点承接地规范招商行为。选择优势地区培育认定示范地,引导龙头企业将制造环节向内地转移,形成产业集群。

——鼓励内陆地区加工贸易产业链向两头延伸,通过完善海关特殊监管区域等海关特殊监管区域的各项功能,引导海关特殊监管区域内加工贸易企业逐步从加工制造环节向两头延伸,上游向研发设计,下游向自创品牌、物流配送、建立自主营销渠道延伸，促进加工贸易升级。引导加工贸易企业更多地采用国产料件，延伸产业链条，扩大产业集聚和辐射效应。

——鼓励加工贸易拓展国际国内两个市场，进一步推进内销便利化。促进大型商贸流通企业与加工贸易企业对接、沿海与内地对接。抓好转型升级试点城市、示范企业，打造融资、人才、技术、产学研结合等公共服务平台，提高加工贸易企业竞争力。